LE XIe SIÈCLE

DANS LES

ALPES MARITIMES

ÉTUDES GÉNÉALOGIQUES

PAR LE COMTE

E. CAIS DE PIERLAS

TURIN
HERMANN LOESCHER
Libraire de l'Académie Royale des Sciences
1889

LE XI SIÈCLE

DANS LES

ALPES MARITIMES.

Extr. des *Memorie della Reale Accademia delle Scienze di Torino*,
Série II, Tom. XXXIX.

Turin, Imprimerie Royale-Paravia.
2642 (100) 15-II-89

LE XIᵉ SIÈCLE
DANS LES ALPES MARITIMES.

ÉTUDES GÉNÉALOGIQUES

1.

Les premiers Comtes de Provence.

Les descendants de Charlemagne avaient finalement réussi à rétablir la paix entre eux, en 843, par le traité de Verdun.

Lothaire en 855 se retira dans un monastère et ses enfants se partagèrent ses états le 22 septembre de l'année suivante. Les états cédés à Charles prirent dès lors le nom de royaume de Provence et ce prince prit le titre de roi de Provence, sous lequel il est connu dans l'histoire (1). Il mourut très jeune en 863, sans laisser d'enfants. Ses frères, l'empereur Ludovic et le roi Lothaire, se partagèrent ses états.

Le premier retint la Provence proprement dite, qu'on appelait aussi le duché d'Arles (2) en la laissant sous le gouvernement de Gérard, dit de Roussillon, comte de Vienne et marquis de Provence.

L'ambition de Charles le Chauve mit bientôt en feu tout le midi. Vienne fut assiégée et quoique vaillamment défendue par la comtesse Berthe, femme de Gérard, celui-ci dut céder la ville et se retirer en Bourgogne, tandis que le roi investissait du comté de Vienne Boson son beau-frère en 871. Le reste de la Provence demeura au pouvoir de Ludovic et fut probablement gouverné par Adalbert et Berard, comtes et marquis de Toscane, jusqu'à la mort de Ludovic en 875.

C'est à cette époque que commence à se dessiner dans notre contrée la rivalité entre ces deux familles, qui s'en disputèrent le gouvernement en s'appuyant à l'ambition des souverains.

L'origine de Boson n'est pas certaine; quant à Adalbert, il était fils du comte Boniface de Toscane et neveu de Berehald, qui en 829 avait vaincu les Maures en Corse (3). Nous trouvons d'abord son nom en Provence dans une charte du xᵉ siècle faisant

---

(1) *Recueil des historiens des Gaules*, vol. IX, p. 214. « Carolus Provinciae rex; » (Ann. Bertin. ad ann. 858).
(2) « Ducatus Arelatensis... ducatus provinciae; » (*Recueil des historiens des Gaules*, t. VIII, p. 185).
(3) Cais di Pierlas, *I conti di Ventimiglia*, pag. 7 et suiv.

partie du cartulaire de Saint-Victor de Marseille, dans laquelle une description des droits de l'abbaye à Marciana (1) est faite, au nom du comte Eldebert, par Nortald (2).

Un autre document du même cartulaire, portant la date du 2 juillet 845, contient un jugement rendu à Cadarosc (3), au sujet des droits du monastère à Ligagnau (4), par Robert, au nom du comte Adalbert (5), avec l'assistance des échevins et des juges Saliques et Romains.

Sa juridiction comtale nous est prouvée par la lettre du pape Jean VIII en 879 (6), écrivant à Boson roi de Provence pour qu'il lui remît les comtés qui appartenaient depuis longtemps à sa famille. Cette lettre resta, paraît-il, sans effet.

Adalbert avait un frère qui, comme leur oncle, portait le nom de Berard (7). C'est lui qu'on trouve plus tard en Provence où il combat en faveur de Charles le Gros, animé d'un acharnemnt personnel contre Boson (8).

Nous avons dit ailleurs qu'il est probable que Boniface, un des fils d'Adalbert, soit la tige des comtes de Vintimille (9), nous verrons aussi quelles sont les familles qui pourraient dériver en Provence de cette même souche.

Cette famille doit avoir perdu son pouvoir en Provence à cette époque, à mesure que Boson croissait en importance et parvenait presqu'à l'empire. À la mort de Ludovic en 875, Charles le Chauve, protégé par le pape Jean, marche sur l'Italie accompagné de Boson; il est sacré empereur à Rome, puis reçoit de la diète de Pavie la couronne d'Italie (10). Le nouvel empereur, obligé de retourner en France, crée Boson duc de Lombardie et régent du royaume et lui donne ensuite le comté d'Arles avec le titre de roi (11).

Boson, dont la sœur Richilde en 870 avait épousé Charles le Chauve, se marie à son tour en 877 avec Hermengarde, fille unique de l'empereur Ludovic; l'année suivante il réussit à fiancer sa fille à Carloman, second fils de Louis le Bègue (12). Il avait accueilli en Provence le pape Jean, lorsque celui-ci avait dû quitter Rome, chassé par la faction d'Adalbert de Toscane et de Lambert de

---

(1) Entre la Lèze et la Durance, d'après le titre de la charte.
(2) « Que facta est temporibus vir illustri Eldeberto comite, per suo misso Nortaldo vice domino » (*Cart. de S. Victor*, 291).
(3) Berre.
(4) Ancien port détruit près de Fos.
(5) « In mallo publico ante Rothbertum vicarium de viro illustri Adalberto comite » (*Cart. de S. Victor*, 26).
(6) *Recueil des historiens des Gaules*, vol. IX, p. 180. « De parte quoque Adalberto gloriosi mar- « chionis seu Rotildae comitissae coniugis eius cognoscat nobilitas vestra quod vobis in omnibus fideles « et devotos amicos eos esse cognoscimus. Ideo rogamus ut eorum comitata in Provincia posita, sicut « iam tempore lungo tenuerunt, ita deinceps pro nostro amore securiter habeant ».
(7) « Berardus comes, Bonifacii filius » (*Collect. concil.*, t. XI, col. 164).
(8) « Berardus quidam ab Italia veniens Bosonem tyrannum non sinebat quietum esse » (*Recueil des historiens des Gaules*, t. VIII, p. 82).
(9) Cais di Pierlas, *I conti di Ventimiglia*, p. 9 et suiv.
(10) Ann. Bertin ad ann. 876; *Recueil des historiens des Gaules*, t. IX.
(11) « Carolus imperator...... Bosoni germano suo Richildis reginae filio, Irmingardam filiam « Ludovici imperatoris........ uxoravit, deditque ei Provinciam et corona capiti eius imposita, eum « regem appellari iussit » (Ex Chronica Centulensi ad ann. 877), *Recueil des historiens des Gaules*, t. VII, pag. 243.
(12) *Recueil des historiens des Gaules*, t. IX (Ann. Bertin. ad ann. 878. — Elle épousa plus tard Guillaume, le Pieux duc d'Aquitaine.

Spoleto son beau-frère (1) ; traité de fils adoptif par le même pape (2), qui voyait en lui le défenseur de ses droits et qui le prédestinait à la couronne d'Italie et à celle de l'empire, il souscrivait au milieu de ses triomphes une charte qui commençait par les mots : *Ego Boso Dei gratia, id quod sum* (3).

L'objet de ses rêves allait bientôt s'effectuer : le synode de Mantaille du 15 octobre 879, lui donna la couronne du royaume de Bourgogne (4).

Ce document est très important pour nous, car il peut servir à indiquer l'étendue du royaume de Bosoni ; parmi les nombreux seigneurs qui prennent part au conseil se trouvent 23 prélats, mais il est notable qu'on n'y voit ni l'archevêque d'Embrun, ni aucun des six suffragants qui dépendaient de lui, savoir les evêques de Digne, Grasse, Senez, Vence, Glandèves et Nice. Ne serait-ce pas la preuve que le comte Adalbert avait conservé son autorité comtale sur cette partie de la Provence ? Son influence n'empêchat-elle pas ces prélats d'aller consacrer à Mantaille la royauté de son ennemi ?

Dès ce moment l'étoile de Boson parut pâlir. Le pape Jean avait été mécontent de cette élection ; d'autre côté il avait fait la paix avec Adalbert de Toscane et l'avait délié des censures ecclésiastiques. Il avait écrit à Boson pour le lui recommander, comme nous l'avons dit plus haut ; mais ce dernier ne devait tenir aucun compte de ces lettres. Il allait donc traverser une lutte terrible. Le roi Charles le Gros, protégé par le pape, qui en espérait des secours contre les Sarrasins, fut reconnu roi d'Italie et couronné empereur en 881.

Boson perdit Vienne défendue par le comte Teutbert son plus fidèle capitaine ; sa femme Hermengarde et sa fille Engelberge se réfugièrent en Savoie. En 885 Boson reprit Vienne et put y établir le comte Teutbert. Vers 886 celui-ci donne à l'église de Vienne la ville de Mantaille pour le repos des âmes des rois Boson et Ludovic (5). En 896 il paraît avoir reçu le comté d'Apt ; un diplome de Ludovic fils de Boson le qualifie de *fidelis noster Teutbertus illustris comes .... ipsius comitatus* (6). En 904 il devait être comte d'Arles, car nous le trouvons nommé avec Rostaing, archevêque de cette ville dans un diplome de l'empereur Ludovic donné à Arles et regardant certains droits de pêche, de ports et de salines dans le comté de Marseille concédés à l'abbaye de S. Victor (7).

Charles le Gros, par la mort de son frère Ludovic et par celle d'un neveu de Charles le Chauve, avait pu se rendre maître de tous les pays qui avaient constitué l'empire de Charlemagne, sauf la Bourgogne ; mais cette puissance trop étendue, n'eut pas de durée. Les Normands l'assaillirent ; ils furent, il est vrai, détournés contre la Bourgogne, mais cette idée funeste n'eut pas le résultat qu'on espérait. L'empereur mourut en 888, tandis que son empire tombait en pleine dissolution. Arnulphe avait

---

(1) « Lantbertus Witonis filius et Albertus Bonifacii filius Romam cum manu valida ingressi sunt ». *Recueil des historiens des Gaules*, t. VIII. Ex annalibus Fuldensibus, p. 38.
(2) « Bosonem gloriosum principem per adoptionis gratiam filium meum effeci ». (*Recueil des historiens des Gaules*, t. IX, p. 173).
(3) Duchesne, *Hist. de Vergy*, p. 12.
(4) *Coll. concil.*, t. XI, p. 503 et suiv.
(5) Acherii, *Spicilegia*, vol. III, p. 362.
(6) *Cart. Aptense*, fol. 1, Bibl. Nat. de Paris et *Recueil des historiens des Gaules*, t. IX, p. 876.
(7) Guérard, *Cart. de S. Victor*, n. 10.

été nommé en Allemagne l'année précédente, l'Aquitaine se rangea sous Eude, l'Italie sous Bérenger marquis du Frioul, la Haute Bourgogne sous Rodolphe, la Basse Bourgogne sous Ludovic fils de Boson. Ce dernier était mort laissant son fils, tout jeune encore, sous la régence d'Hermengarde.

Selon les idées de l'époque, l'empereur était réputé suzerain naturel des royaumes constitués dans les limites de l'empire d'occident. Aussi nous voyons Hermengarde, à la mort du roi, allant présenter son fils Louis à Charles le Gros, alors en Alsace; puis de nouveau, à la mort de cet empereur, elle retourne en Souabe pour faire hommage de son royaume à Arnulphe. Ce précédent établissait dès lors les prétentions de l'empire Germanique aux droits de haute souveraineté sur la Provence (1); mais par cet acte le roi Louis réussit à conserver non seulement sa couronne, mais à se faire proclamer roi d'Italie en 900 et empereur en 901. C'est à cette époque que, traversant la Toscane, il était reçu avec la plus grande magnificence par le marquis Adalbert, dont le père avait été le plus grand ennemi du sien.

Cette famille de Toscane était alors assez solidement établie pour pouvoir oublier les anciennes rivalités. Adalbert avait épousé Berthe, parente des Bosonides, car elle était fille de Lothaire roi d'Austrasie et veuve de Thibaud comte d'Arles. La famille avait par ce moyen obtenu le recouvrement des domaines qu'elle possédait anciennement en Provence (2); elle dut dès lors y reprendre une grande influence et établir dans les différents comtés ses parents et ses adhérents. Parmi les autres Hugues, fils de Thibaud (3), reçut le comté de Vienne.

La lutte entre les deux familles reprit à cette époque plus terrible que jamais. Adalbert s'allia à Bérenger; puis de nouveau avec Louis qui finit par tomber dans les mains de Bérenger, qui l'aveugla et le chassa pour toujours en Provence. Bérenger en 915 ceignit la couronne impériale à Rome. Les Italiens appelèrent Rodolphe, qui fut couronné Roi à Pavie en 922 et deux ans plus tard Bérenger mourut assassiné.

Hugues réussit à persuader Rodolphe à retourner en Bourgogne, tandis qu'il allait lui-même prendre la couronne d'Italie en 926.

L'année suivante l'empereur Louis étant mort, Hugues retourna à Vienne et réussit à écarter Charles son fils (4).

En 933 les Italiens se révoltèrent nouvellement contre leur roi et se tournèrent vers Rodolphe de Bourgogne. Hugues alors céda à ce dernier toute la Provence en ne s'y réservant que les grandes propriétés allodiales qui lui appartenaient (5), et en compensation il obtint que Rodolphe renonçât à toute ingérence en Italie. Ses alliances le rendirent plus puissant; il épousa Berthe veuve de Rodolphe, sa sœur Hermengarde épousa le marquis Adalbert d'Ivrée, plus tard son fils Lothaire épousa Adélaïde fille de Berthe. En 946, après avoir laissé la couronne d'Italie à son fils, il se retira en Provence et y mourut l'année suivante.

---

(1) CARUTTI, *Il conte Umberto Biancamano*, pag. 8.
(2) GINGINS-LA-SARRA, *Mémoires pour servir à l'histoire de Bourgogne*, vol. II, p. 76.
(3) *Hugo comes et marchio*, D. BOUQUET, t. IX, p. 684, et suiv.
(4) Les historiens l'ont appelé Charles Constantin, sans qu'on trouve ce second nom dans aucun document.
(5) Vers 960 Conrad roi de Bourgogne et de Provence, transporta sa résidence à Vienne (GINGINS-LA-SARRA, vol. II, p. 42.

II.

Les Sarrasins.

C'était l'époque de la grande lutte contre les Sarrasins. Ces barbares au commencement du siècle, en 906, avaient dévasté les Alpes Maritimes, ensuite pénétrant en Italie par le col de Tende, ils avaient détruit la grande abbaye bénédictine de Pédone, les châteaux d'Auriate et de Bredulo, sièges comitaux, puis étaient passés en Ligurie. En 916 ce fut le tour de l'abbaye de la Novalèse, de la Maurienne, de la Savoie. En 939 l'abbaye de Saint-Maurice, le Vallais, la Bourgogne furent ravagés.

Il était temps d'arrêter ce terrible fléau. Vers la moitié du x siècle, le roi Hugues (1) se prépara à les déloger du Fraissinet (2), aidé dans cette noble entreprise par l'empereur Constantin, auquel il avait donné sa propre fille en mariage, par Ardoin Glabrion marquis de Turin et de la vallée de Suse, et par un comte Rotbald Provençal (3).

L'ancienne chronique de la Novalèse ne parle de ce dernier qu'à ce seul propos.

Les historiens ne sont pas d'accord sur son compte et sur l'époque de ce grand événement. Le baron Carutti, dans son savant ouvrage sur les origines de la maison de Savoie (4), dit avec raison que Robald ne doit pas être de la famille d'Auriate, comme l'a cru le professeur G. B. Adriani (5); pourtant il commet un grave anachronisme en le qualifiant le comte de Forcalquier, car ce comté, démembré de celui de Provence, n'a été institué que presque un siècle et demi plus tard. En 1044 et vers 1060 *Forcalquier* n'était qu'un simple *castellum*, situé dans le *comté de Sisteron* (6).

L'origine de l'expression érronée de comté de Forcalquier dans le xi siècle, dérive principalement d'un document donné par Bouche (7) avec la date de 1027, et par Gioffredo (8), d'après un manuscrit de l'histoire d'Embrun par le P. Fournier; on y voit une charte débutant par les paroles; *Ego Bertrandus comes Forcalquerii et Ebredunensis, et Gaufredus et Guillemus fratres mei, cum consilio Alayris matris comitissae Diensis*, etc.

Cette charte est apocryphe.

---

(1) « Rex Hugo Saracenos de Fraxinedo, eorum munitione, disperdere conabatur » (*Chronicon Frodoardi*).

(2) Le *Fraissinet* du golfe Grimaud, près des Monts Maures en Provence, parait avoir été la principale forteresse des Sarrasins. Du reste il nous semble que c'est à tort qu'on a cru devoir relier à la légende Sarrasine toutes les localités portant ce nom de *Fraxinetum*, qui dans le fond ne devaient être que des bois de *frênes*.

(3) « Comitem Robaldum Provinciae finibus » (*M. H. P.*, vol. II; *Chronicon Novalicense*, coll. 105.

(4) Carutti, *Il conte Umberto Biancamano*, p. 20 et 173.

(5) Adriani, *Degli antichi Signori di Sarmatorio*, p. 3.

(6) Guérard, *Cartulaire de l'abbaye de S. Victor*, n. 659, 660, 662, 658, etc.

(7) Bouche, *Histoire de Provence*, vol. I, p. 842.

(8) Gioffredo, *Storia delle Alpi marittime*, vol. I, p. 606.

Pourtant dès le commencement du XIII siècle, une charte des archives de Marseille (1) attribuait déjà fautivement la qualification de Forcalquier à ces seigneurs du XI siècle. C'est l'acte d'accord passé en 1242 entre Guillaume comte de Forcalquier et Raimond de Boulbon abbé de Montmajour, où on trove le passage suivant: *dictus comes respondebat..... se esse heredem comitis Willelmi avunculi sui et Willelmum et Arsendem uxorem suam et Willelmum et Rainaldum et Laugofredum fratres et Bosum et Robaldum et Ermengardam uxorem suam fuisse comites et comitissas comitatus Forcalquerii.*

Nous avions aussi eu un grave doute; car l'inventaire de ces mêmes archives (2), dans les chartes de 977 à 1076, parlait d'un *serment prêté à Guillaume Bertrand comte de Forcalquier par Pons de Lançon et Raymond Roustan*. Nous avons voulu en avoir le cœur net, et grâce a l'extrême amabilité de M. Louis Blancard, le très savant archiviste des Bouches du Rhône, nous pouvons donner cette charte intéressante (3). On verra que le nom du comte de Forcalquier n'y est pas indiqué; on pourrait donc plutôt supposer qu'il s'agisse ici de Guillaume, fils d'Ermengaud d'Urgel (4) et d'Adélaïde, celle-ci fille de Guillaume Bertrand, car le nom de Pons d'Alançon se trouve de 1097 à 1116 (5), celui de Poncius Marselles vers 1101 (6), celui de Hugues de Rians de 1079 à 1103 (7).

Quant à l'époque de ce grand fait d'armes, Carutti le fixe d'abord en 943 (8): *Di Arduino ci è noto che nel 942 cacciò i barbari dalla valle di Susa e l'occupò....... Nel 943 Ugo prese Frassineto*. Ensuite il dit, en citant la chronique de la Novalèse, qu'un certain Aymon aida Robald et Ardoin à s'emparer du Fraissinet et à délivrer la *Province*, qu'il croit être la *Maurienne* ou la vallée de *Fenestrelle: la cronaca non reca la data del fatto, ma vuolsi credere avvenuta tra il 965 e il 972 e probabilmente in questo ultimo anno perchè si parla di Ardoino* (9). Il ne croit donc pas que la chronique parle ici de la défaite finale des Sarrasins en Provence, mais il laisse la chronologie et les événements dans la même incertitude.

Le comte Albert de Sonnaz, dans son intéressant étude sur le comté de Savoie (10), est porté à fixer la première attaque du Fraissinet à l'année 945, et met la défaite finale des Sarrasins à l'année 975; il dit que le marquis Ardoin y prit part. Reynaud donne la date de 945 (11); le cardinal Baronio de 944.

Au milieu de l'incertitude que d'aussi respectables autorités ont encore laissé subsister, il serait téméraire de notre part de vouloir trancher la question : nous nous permettrons cependant d'établir qu'on pourrait fixer vers 945 le premier fait

---

(1) Arch. des B. du Rhône, Série B, 335. — Baron du Roure, *Notice historique sur une branche de la famille de Sabran*, p. 55. — BOUCHE, vol. II, p. 246.
(2) Arch. des B. du Rhône, Série B, p. 89, n. 276.
(3) Document n. 1.
(4) Mort en 1102.
(5) *Cart. de S. Victor*, 619, 805. — « Henri Moris et Edmond Blanc » *Cart. de Lérins*, p. 286.
(6) *Cart. de S. Victor*, 1082.
(7) Id., 326.
(8) CARUTTI, *loc. cit*, p. 18.
(9) Id., p. 20.
(10) SONNAZ, *Studi storici sul contado di Savoia*, vol. I, p. 79-84.
(11) REYNAUD, *Invasion des Sarrasins en France*, p. 182.

d'armes au Fraissinet de Provence, auquel prirent part le marquis Ardoin et Rotbald de Provence, aidé par Aymon; vers 975 aurait eu lieu la seconde campagne dirigée par Guillaume, fils ou frère de Boson (1), celui-ci fils de Rotbold Ier. Dès 965, d'après l'annotation des éditeurs du cartulaire de S. Victor à la charte ci-dessus, Rotbold le vieux était déjà mort; car le plaid est tenu dans la ville d'Arles en présence du comte Boson fils de Rotbold (2). D'autre part Ardoin Glabrion ne devait plus être en vie en 975 (3). La vaillance démontrée par Rotbold dans la première campagne aura valu à Boson le comté de Provence, et Guillaume aura eu la direction de la dernière guerre qui eut un résultat définitif.

La première campagne n'avait pas réussi entièrement, puisque le roi Hugues ayant appris que Bérenger s'avançait vers lui, avait pactisé avec les Sarrasins en les lançant contre son adversaire. Il fallut la captivité de Mayeul, le saint abbé de Cluny, dont vers 962 les Sarrasins s'étaient emparés près d'Orcières dans le Gapençois, pour que toute la Provence fût en armes: on devait se ressouvenir du noble cri de notre comte Rotbald qui quelques années avant leur avait dit; *o fratres, pugnate pro animabus vestris, quia in terra estis Saracenorum* (4). Les Sarrasins furent complètement dispersés par le comte de Provence et ses grands vassaux: *in eodem Fraxineto ab exercitu Guillelmi ducis Arelatensis omnes ad internecionem deleti sunt* (5).

La première croisade religieuse s'était terminée glorieusement.

Les seigneurs chrétiens commençaient ainsi à se réunir, à se connaître, à unir dans leur pensée Dieu et les armes; c'était l'aurore du second millième, de ce siècle peu connu, dans le cours duquel l'étendard du Christ devait flotter sur les murs de Jérusalem.

Les principaux guerriers du comte de Provence qui s'étaient distingués dans la guerre reçurent du comte Guillaume les hommes, les châteaux, les terres, digne récompense de leur valeur; les évêques reçurent eux aussi de notables juridictions, souvent de moitié avec celle des vicomtes; les abbayes, plus éprouvées par les barbares, furent nouvellement dotées; les églises furent reconstruites.

Les grands vassaux suivirent l'exemple de leur comte. Les cartulaires de S. Victor de Lérins, de S. Marie de Nice, de S. Pons en font foi pour notre région.

C'est grâce à ces cartulaires que nous pouvons dès le commencement du XI siècle établir la filiation et les possessions des grandes familles des Alpes Maritimes.

Tandis que les descendants du comte Rotbald étendaient leurs rameaux sur Arles, Toulouse, Nice, Forcalquier, nous voyons surgir à côté d'eux et sous leur dépendance les vicomtes de Marseille, d'Avignon, de Sisteron, de Gap, de Nice, les puissantes familles de Fos, de Baux, de Castellane, d'Apt, de Thorame, de Glandèves, de Reillane, etc.

---

(1) *Cart. de S. Victor*, 29. D'après cette charte on pourrait effectivement croire que Boson fils de Rotbald avait un frère du nom de Guillaume, car on y trouve les expressions: *consentiente eius filio, Rothboldo, et fratre eius, Willelmo comite*. Si on suppose que Guillaume soit frère cadet de Rotbald, comment porte-t-il le titre de comte que n'a pas son frère? Pourquoi dans la signature du *plaid*, après celle du comte Boson et celle du juge Lambert, nous trouvons, *comes Willelmus firmavit*, tandis que Rotbald ne parait même pas?
(2) *In conspectu Bosoni comitis, filii Rothboldi quondam*, loc. cit.
(3) CARUTTI, *Op. cit.*, p. 22.
(4) *Chronic. Novalic.*, loc. cit.
(5) Rodulphus GLABER, lib. III.

III.

La famille de Fos.

Lorsque les Sarrasins eurent été chassés de notre contrée, un profond sentiment de sécurité dut se manifester parmi les populations; mais d'autre part les grands seigneurs, dont la vaillance avait procuré la victoire, en profitèrent pour s'emparer des domaines qui pouvaient mieux leur convenir et surtout de ceux qui faisaient partie de la dotation des monastères (1).

Parmi les familles qui agirent ainsi et qui étaient les plus puissantes se trouvèrent celle des vicomtes de Marseille et celle de Fos (2).

C'était vers 992 que le vicomte Guillaume et Pons de Fos s'étaient emparés de la Cadière (3), possédée par l'abbaye de Saint-Victor. Celle-ci eut recours au comte Guillaume de Provence qui leur fit rendre ce qui appartenait à l'église.

Nous ne parlerons pas ici de la famille vicomtale de Marseille, quoique nous l'ayons trouvé alliée à celle de Nice; mais celle de Fos mérite bien que nous nous arrêtions à elle.

Disons d'abord que, malgré qu'on ne puisse en trouver aucune preuve explicite, elle doit être une branche des Baux; les deux familles ont part à plusieurs des mêmes terres dès l'époque la plus reculée.

Les expressions du cartulaire que nous avons cité, nous disent sa puissance. Elle s'étendait sur tout le litoral, depuis le Rhône jusqu'au delà de Toulon, avec une espèce de souveraineté, entre autres sur Aix et sur la ville et les îles d'Hyères; ce dernier domaine était très important, à cause des salines qui se trouvaient dans ces parages et qui fournissaient de sel la Bourgogne, la Provence, la Ligurie elle-même.

La famille de Fos pendant plusieurs siécles a conservé ce nom à cause de la terre de Fos, soit de Fossis (4), située près d'Arles, où au commencement du xi siècle elle avait fondé le monastère de S. Gervais (5). Après Pons de Fos, dont nous avons parlé plus haut à propos de la Cadière, nous trouvons en 1019 le nom de Pons, fils d'Amelius, qui est témoin dans la donation de la huitième partie de cette même terre, faite par Foulque vicomte de Marseille (6). On ne dit pas, il est vrai, qu'il s'agisse

---

(1) « Quoniam terram Sancti Victoris videbamus membratim carpere et seu a beluis particulatim « dilaniare » (*Cart. de S. Victor*, 77).

(2) « Cum gens pagana fuisset ex finibus suis, videlicet de Fraxineto, expulsa, et terra Tolonensis « cepisset vestiri et a cultoribus coli, unusquisque secundum propriam virtutem rapiebat terram, trans- « grediens terminos, ad suam possessionem. Quapropter illi qui potentiores videbantur esse, altercatione « facta, impingebant se ad invicem, rapientes terram ad posse, videlicet Willelmus vicecomes et « Pontius de Fossis » (Id. id.).

(3) Cathedra, *La Cadière, Arr. de Toulon, Canton de Bausset.*
(4) Canton d'Istres.
(5) *Gallia Christ.*, vol. I, p. 343 et instr. 64.
(6) *Cart. de S. Victor*, 75.

de la famille de Fos, mais l'objet de la donation, le nom de Pons, d'Amel et de Gui, s'alternant avec une grande régularité dans cette famille, ne laisse point de doute sur ce point; on pourrait même supposer qu'Amel I, soit père de Pons I.

Vers cette même époque nous trouvons aussi ce prénom d'Amel uni au nom de Baux (1). Il s'agit de certains droits concédés à l'abbaye de Saint-Victor par Pons de Marignane archevêque d'Arles, sur les pêcheries de Marignane: ce village était près de Fos, un prêtre de ce lieu louait une partie de ces pêcheries; après la signature des chanoines d'Arles se trouvent celles de Hugues (2), de Pons de Rians (3) fils de Guillaume, puis, après plusieurs autres, celle de Amel de Baux: ne serait-il pas possible que ce dernier fût un fils de Pons?

Pons de Fos a deux fils Pons et Gui; ce dernier se trouve en 1038 et 1057 à la suite de Geoffroi comte de Provence (4). Il signe avec les archevêques et évêques d'Arles, d'Aix, d'Apt, de Cavaillon, de Glandèves; parmi les seigneurs se trouve aussi Geoffroi de Rians (5).

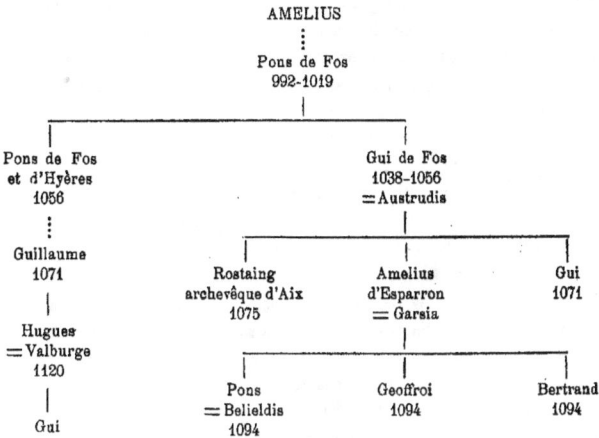

C'est à cette même époque que les seigneurs de Fos doivent avoir été dépossédés des seigneuries d'Hyères et de Fos qui appartenaient à leur père; Gui de Fos occupa le cloître et les tours d'Aix au nom de Geoffroi comte de Provence, et de sa femme Etiennette, les vicomtes de Marseille Geoffroi et Aicard, fils d'Accelena, prêtèrent hommage au comte et lui promirent de l'aider à recouvrer les seigneuries d'Hyères et de Fos qui lui avaient été enlevées (6).

Nous trouvons alors ces deux frères Gui et Pons de Fos dans nos parages: car

---

(1) Amelius de Balcio *Cart. de S. Victor*, 219.
(2) « Hugues de Baux », *tige de la famille de Baux*.
(3) Frère de Hugues de Baux.
(4) *Cart. de S. Victor*, 447 et 184.
(5) Frère de Hugues de Baux.
(6) *Arch. de Marseille*, B, 276, v. document n. II.

ils signent en 1056 à une donation de Guillaume Jausserand d'Antibes (1). En 1047 ce dernier frère, avec la qualification de Pons d'Hyères, est témoin à Grasse à la donation faite par le même Guillaume Jausserand (2).

Ce n'est pas les seules relations entre ces deux familles, car en 1035 un Guillaume d'Hyères est témoin de l'acte de sauvegarde concédée au monastère de Lérins par les deux seigneurs d'Antibes, Hedelbert évêque et son frère Guillaume Jausserand, que nous venons de citer (3).

Ce Guillaume d'Hyères, peut-être fils de Pons de Fos, participait aux droits sur Arluc avec les seigneurs d'Antibes et les abbés de Lérins, grâce à sa mère Adila de la famille d'Antibes (4).

Arluc faisait partie de la seigneurie d'Antibes, comme on le voit par la charte de 1038, où Guillaume d'Hyères est témoin (5); et par celle où Guillaume d'Antibes, se faisant moine, cède au monastère le quart d'Arluc (6).

Guillaume d'Hyères dut prêter serment de fidélité à l'abbé Adalbert: il s'agissait evidemment de la quatrième partie d'Arluc qui appartenait au monastère (7).

En 1070 il cède à l'abbé de Lérins la quatrième partie du château d'Arluc, dont il reconnaît de s'être emparé par violence; Hugues son fils est absent, mais il fait faire cette même reconnaissance par Gui son petit fils, au lieu et place de son père (8). Quelques années après Hugues recevait de l'abbé Adalbert l'investiture de cette part d'Arluc, à la présence de deux comtes de Vintimille (9).

Les concessions de la famille d'Hyères à Lérins ne se limitèrent pas à leurs domaines près de Nice, mais Hugues et sa femme Galburge (1102-1120) donnèrent au monastère toutes les dîmes sur le sel qui leur appartenaient à Hyères (10).

Nous avons vu Guillaume d'Hyères intervenir souvent dans les actes de l'évêque d'Antibes et de son frère fils de Jausserand et de Belieldis. À ce propos nous avons rencontré encore son nom, Willelmus de Areas, parmi les témoins d'une charte de 1050 regardant des biens à Salernes (11) donnés à l'abbaye de S. Victor par Bellieldis elle même, mère des deux seigneurs d'Antibes, alors veuve de Jausserand d'Antibes et remariée à Atanulphe (12). Cette charte est incomplète, mais la rubrique qui la précède nous dit que Bellieldis était fille d'un autre seigneur portant le nom d'Atanulphe. C'était un grand seigneur auquel, à propos de Villecrose (13) et de Salernes on

---

(1) *Cart. de Lérins*, p. 90.
(2) Id., p. 109.
(3) Id., p. 72.
(4) Id., p. 75.
(5) Id., p. 118.
(6) Id., p. 71. « Totam quartam partem Arluci tam in castello seu villa quam in portu ». Les édit. du Cart. ont cru de fixer la date de cette charte au x siècle; mais nous pensons que c'est vers 1026 à cause d'Heldebert évêque d'Antibes.
(7) « Aus tu Aldebertus abbas, ego Guillelmus, filius Adils, non tolrai lo castel de Auroluco, ne « la civitate, ne la vila, ne illo tenemento que tenet a Sancto Honorato ». Id., p. 75.
(8) « Ego Guillelmus de Eiras, etc. ». Id., p. 74.
(9) « Guirpido de quarta parte castelli Arluci, quam fecit Ugo Guillelmus cum uxore sua ». Id. p. 75.
(10) Id., 288.
(11) Arr. de Draguignan, canton de Salernes.
(12) *Cart. de S. Victor*, 496.
(13) Arr. de Draguignan, canton de Salernes.

donne en 1007 le titre de *viro illustrissimo;* c'est la qualification que deux siècles plus tôt Charlemagne portait dans ses diplômes (1).

Nous avons dans cette donation d'Atanulphe, mort à son retour d'un pélérinage à Rome, le nom de sa mère, de sa femme, de ses enfants. Les noms de ses petits enfants sont fournis par une troisième charte de 1033 (2).

Il s'agit de domaines à la Mure ou à Moriès. Parmi les fils de Jonas, fils d'Atanulphe, se trouve un Atanulphe; serait-ce lui qui aurait épousé sa tante Bellieldis? C'est ce qu'on ne pourrait assurer. La seule assertion indiscutable est celle de son mariage avec un Atanulphe dès 1050, comme c'est prouvé par une troisième charte qui regarde cette famille, où sont nommés son second mari, elle même, les fils du premier lit, Aldebert évêque et Guillaume Jausserand (3).

Revenons maintenant à la famille d'Hyères qui retenait le nom de Fos.

Gui de Fos eut pour femme Austrudis, d'après un document de l'église d'Avignon, que ce seigneur avait bénéficié (4). Ils eurent trois fils, Rostaing archevêque d'Aix, Amel et Gui de Fos.

En 1079 l'archevêque et ses deux frères donnent à l'abbaye de Saint Victor des salines et des possessions à Hyères (5).

Amel de Fos (6) est seigneur d'Esparron: il intervient en 1059 avec Garcia sa femme à une donation de biens situés en ce lieu faite par Geoffroi de Rians et sa femme Scocia, Hugue de Baux et sa femme Inauris, Guillaume le jeune vicomte de Marseille et sa femme Aldegarde, neveu des premiers.

On voit ici un autre rapport avec la famille de Baux.

De la même manière que Gui de Fos (7) possède des biens à Baux (8) et au château de Collongue (9), la famille de Rians, en personne de Pons, à la même époque possède le quart de Collongue (10).

Les richesses de cette famille étaient très grandes, leurs possessions très étendues. Aussi lorsque le 28 juillet de l'année 1094 le comte de Provence céda à l'abbaye de Marseille tous les revenus qu'il avait pour la navigation du Rhône et de la Durance, en exemptant de tout droit les navires et les radeaux du monastère, d'autres grands personnages de la province prirent part à ces largesses, parmi les quels Garcia et ses fils Pons, Bertrand et Geoffroi de Fos, en ce qui les regardait pour la navigation des navires du monastère sur les côtes et sur les étangs qui leur appartenaient (11). Les moines de Lérins avaient demandé et obtenu de semblables priviléges par la mère et ses trois fils, en leur faisant remise de tout droit à per-

---

(1) *Cart. de S. Victor*, 486.
(2) Id., 631.
(3) Id., 511.
(4) *Gallia C.*, I, p. 65, instrum.
(5) *Cart. de S. Victor*, 479.
(6) « Amelius Fossanus » Id., 267.
(7) Id., 257 « *Guido de Fosso filius alterius Guidonis*.
(8) Aujourd'hui Albertas, canton de Gardanne.
(9) Ou Simiane, canton de Gardanne.
(10) *Cart. de S. Victor*, 256.
(11) Id., 686.

cevoir, comme taxe d'abordage, lorsque leurs gens ou leurs navires seraient venus charger le sel (1).

La généalogie de la maison de Fos, d'après les documents que nous avons pu trouver, reste ici interrompue. Elle reprend peu d'années après, lorsque nous trouvons en 1131 Pons Isnard de Fos (2) qui signe à la charte de franchise concédée par le comte de Provence au château de Cannes, qui jadis c'était appelé château Marcellin et depuis s'appellera le château Franc (3).

Pons Isnard de Fos est sans doute l'identique personnage que Pons Isnard de Flayos qui avec son frère Isnard (4), en 1125, donne à Lérins certains vassaux qu'ils avaient à Flayos.

Nous voyons aussi dans le cartulaire de Saint Victor Pons Isnard de Flayos et son frère Raimond, possédant des salines à Bormes (5), nommés dans la même charte à côté de Gui et d'Amel de Fos.

Ce Pons Isnardi seigneur de Fos et de Flayos, comme son double prénom l'indique, était fils d'Isnard et on peut facilement reconnaître pour son père cet Isnard de Flayos (6), auquel le comte Bérenger, vers 1126, donna en partie les châteaux de S. Jurs, d'Aiguières et de Salettes, qu'il venait de confisquer sur la veuve et les fils de Guillaume de Moustiers, seigneur de Riez (7), qui s'était insurgé contre lui.

Un demi siècle plus tard nous trouvons encore les noms de Gui e d'Amelius de Fos. Le premier des deux frères avait vendu, avec le consentement de l'autre, sa part de la seigneurie de Fos à la famille de Porcellet (8); en 1150 il est investi d'Hyères par le comte de Provence, auquel il prête serment de fidelité, avec la promesse de lui en remettre le château à toute réquisition et de lui payer avant 10 ans la somme de dix mille sous melgoriens comme indemnité de guerre (9).

Son frère Amelius garda sa part de seigneurie de Fos, car vers 1196 il prête hommage et serment de fidélité au roi Idelphonse pour le $\frac{1}{3}$ de Fos e d'Hyères, une partie du château et de la ville d'Aix et pour ceux de Bormes, de Pierrefeu et de la Garde (10).

On voit par ce rapide exposé de la généalogie de cette famille, les relations qu'elle a eu avec notre région et la grande importance de ces possessions dans le XI et XII siècle.

Mais le comte d'Anjou, dont l'ambition a été si étendue, finit par détruire cette puissance presque souveraine.

En 1262 Hyères passait en son pouvoir par la cession que Bertrand de Fos lui en

---

(1) *Cart. de Lérins*, p. 287.
(2) « Poncius Isnardi de Fos » probablement tous fils d'Isnardi. (*Cart. de Lérins*, 88).
(3) « Castellum quod olim dicebatur Marcellini..... propter quam libertatem, volo ut deinceps « appelletur Francum » (*Cart. de Lérins*, p. 87 et 459.
(4) « Isnardus de Flayosco et frater meus Poncius Isnardi ». (*Cart. de Lérins*, p. 44). C'est sans doute par faute d'impression que la date indiquée par cet acte est celle de 1025.
(5) *Cart. de S. Victor*, 474.
(6) *Arch. de Marseille*, série B, 278.
(7) « Princeps terre Regensis ». (*Cart. de S. V.*, 617.
(8) *Abbé Briançon*, vol. 3, p. 35.
(9) *Arch. de Marseille*, série B, 281.
(10) *Id.*, 298.

faisait, en ne recevant en échange que la terre du Cannet (1) : puis bientôt après, en 1273, Guillaume de Fos fils de Roger de Fos, un de ceux qui avait traité de pair à pair avec la république de Gênes en 1229, était obbligé à son tour de lui rendre la ville d'Aix (2). La demi souveraineté de cette illustre maison avait cessé.

IV.

Les comtes Aldebert et Apollon, leur frère Rostaing et leurs sœurs Isingarde et Valburge.

Nous allons maintenant exposer les origines et le développement dans ses différentes branches d'une famille des Alpes maritimes tout aussi puissante que la précédente, en nous servant principalement des sources les plus sûres, telles que les cartulaires de Lérins, de Saint-Victor et de l'église d'Apt (3). Nous croyons pouvoir démontrer l'unité d'origine de plusieurs familles, dont on n'avait ni reconnu, ni suffisamment étudié l'importance, les possessions territoriales, les relations avec notre pays. Quelques points, il est vrai, resteront encore dans l'ombre, mais la résolution de plusieurs problèmes qui s'y rattachent pourra conduire ensuite à d'autres découvertes.

Il s'agit de la maison de Castellane qui, selon nos études, n'en ferait qu'une avec celle de Thorame et de Glandèves, peut-être même avec celle de Beuil.

Au commencement du XIe siècle on trouve près de Nice un grand seigneur, *senior Aldebertus*, portant la qualification de *Comte* (4). Vers la même époque on trouve pareillement aux environs d'Apt un autre seigneur, *Abellon* ou *Apollon*, qualifié de *Comte* (5).

L'examen de quelques chartes, en partie inédites, démontrera que ces deux comtes étaient frères; un troisième portait le nom de Rostaing; la famille possédait de grands biens au diocèse d'Apt, à Castellane, à Thorame, dans le comté de Glandèves, dans celui de Nice.

Il se présente d'abord une question préliminaire : celle de savoir si le titre comtal dérivait à la famille grâce à une de ces différentes juridictions, ou par droit personnel. Leur part dans les comtés d'Apt et de Glandèves était certainement assez notable; d'un autre côté ni Castellane, ni Thorame ne constituaient un comté, malgré leur importance.

---

(1) BLANCARD, *Sceaux de Provence*, p. 61.
(2) NOSTRADAMUS, *Histoires et chroniques de Provence*, p. 266.
(3) C'est à l'extrême obligeance de notre savant ami M. le vicomte de Poli que nous devons la copie des chartes du *Cartularium Aptense*, qui existe à la Bibl. Nation., ms. latin 17.778, copie du XVII siècle, 57 feuillets.
(4) « Aldebertus comes » (*Cart. de Lérins*, p. 314).
(5) « Apollonio comite » (*Cart. Aptense*, f° 52).

3 E. CAIS DE PIERLAS.

Toutefois nous serions portés à croire que c'était de Thorame seulement ou de leur position personnelle que dérivait la qualification comtale.

La vallée du Verdon paraît leur avoir appartenu entièrement : Thorame, Castellane, Barrême, Alos, Colmars, etc. Elle paraît avoir été le partage commun des trois frères et d'où partait la *mouvance* de leur juridiction féodale, quoique dans la suite les circonstances politiques et les alliances aient donné plus de prestige et augmenté encore la puissance de la branche de Castellane, et au xiie siècle l'aient presque mise en possession de la couronne de Provence.

Cette suprématie féodale de la vallée du Verdon aurait une explication dans la répartition primitive des *civitates* dans les Alpes Maritimes. Sur le Verdon se trouvaient les deux cités *Salinensium* et *Rigomagensium*. Si on remonte au ve siècle on voit disparaître l'ancienne *Civitas Salinae Castellanae* (1); sa juridiction doit s'être alors partagée entre Sénez et Glandèves, dont elle était presque une enclave.

Pareillement la *Civitas Rigomagensium* paraît s'être établie à Thorame. C'est ce qui résulterait par un savant mémoire de l'abbé Duchesne: «un manuscrit du viie siècle découvert dans la bibliothèque capitulaire de Cologne par le professeur Manassen de Vienne, contient le texte du Concile de Vaison en 442; on y trouve, parmi les évêques signataires, le suivant : *ex provincia Alpium Maritimarum Civitatis Eturamine, Severianus Episcopus* (2). Cette *Civitas* doit s'identifier avec la *Civitas Rigomagensium*, la seule dont la position soit encore indéterminée: le nom d'*Eturamine* transformé en *Turamina, Thorame*, le prouverait. Ce serait là un fort indice de l'importance de la vallée et des seigneurs qui la possédaient avec juridiction presque comtale et souveraine.

L'origine de la famille pourrait aussi donner l'explication du titre *comtal* sous l'aspect personnel.

Nous avons exposé dans le premier chapitre que la famille des marquis de Toscane avait eu, pendant plus d'un siècle, une très grande influence dans les luttes de la Provence; nous avons vu qu'elle y possédait des comtés et que, selon beaucoup de probabilité, les comtes de Vintimille en dérivaient.

Les trois frères Adalbert, Apollon et Rostaing descendaient-ils des Adalberts et des Bonifaces de Toscane ? On a plusieurs motifs de le croire.

Dans notre contrée et à cette époque, à part les comtes de Provence et ceux de Vintimille, dont le territoire était traversé par la Roya, il ne se trouvait aucune autre famille comtale, ou du moins portant ce titre.

L'abbé Gioffredo et les autres écrivains Niçois et Provençaux ont parlé des comtes de Nice, mais, comme on le verra, ce titre ne leur a jamais appartenu. Si Adalbert et Apollon avaient le titre *comtal* (3) sans vraie juridiction suzeraine, celle-ci ap-

---

(1) Desjardins, *Géographie de la Gaule Romaine*, vol. III, p. 311.
(2) Duchesne, *Mémoires des Antiquaires de France*, vol. XLIII, p. 36.
(3) De la même famille doit être un *Grifo comes* qui, en 950, avec Rostaing son neveu, probablement évêque d'Apt, donnait au monastère, construit dans la ville d'Apt et dépendant de celui de Montmajour, « villam vocabulo Vallem et Campos, nec non S. Albani ecclesiam in eadem villa, Aptense comitatu » Sa mère Ermengarde signa à l'acte. (*Gallia C.*, vol. I, p. 353). Le cartulaire d'Apt parle aussi des possessions de Grifo en 949: elles sont à Pratelone, terre dépendante de la famille de Rotbert et Varaco (*Cart Aptense*, f. 367).

partenant au comte de Provence, c'est qu'il s'agissait d'un titre *ad honorem*, rappelant l'origine comtale de la famille; peut-être aussi ils le portaient par la raison de leur proche parenté avec les comtes de Vintimille. On peut en effet établir à ce sujet un parallèle entre les deux familles.

On trouvera parmi les seigneurs, dont nous nous occupons ici, le nom de *Rainardus* au XIe siècle et parmi leurs possessions le *Castrum Rainardi* (1); de même les historiens ont fait la supposition qu'un comte de Vintimille du nom de Rainardus ait bâti le *Podium Rainaldi* (2). Gioffredo cite à ce propos la donation faite à Lérins de certains biens à Carnolès par un *Rainaldo* (3). Girolamo Rossi (4) lui donne le titre de comte et le dit parent du comte Conrad et de la comtesse Armelline en 1064 (ailleurs il dit en 1041).

On pourrait encore donner comme preuve les noms de Guillaume Pierre et de Pierre Balb qui se trouvent répétés dans les deux familles.

Si les trois frères susdits ne sont pas les descendants des marquis de Toscane et alliés des comtes de Vintimille, descendent-ils de *Milone praenomine Montano, comite nobilissimo Aptensis Civitatis cum illius comitatu et Glannicensis ac Senaciensis comitatuum*, qui en 835 donnait l'église de Saint-Martin à l'évêché d'Apt? (5). *Teutbertus*, qui signe à cette charte, serait-il le fils de Milo Montanus? Serait-il le *Teutbertus illustri comes. ... ipsius comitatus*, qui paraît dans un diplome du roi Ludovic en 896 et le *Teubertus comes* du diplome d'Arles en 904 ? (6).

Les documents qui ont été respectés par le temps et par les hommes nous ont permis de remonter à une génération au-delà des trois frères, mais ils nous laissent complètement incertains pour la filiation antérieure.

À la fin du Xe siècle on trouve dans le comté d'Apt deux seigneurs très puissants, les frères Rotbertus et Varaco (7), dont nous allons étudier les rapports avec nos comtes.

Quelques observations préliminaires seront utiles. D'abord l'identité des noms de Varacus et Garacus est évidente; car dans les chartes des différents cartulaires qui parlent du fils d'Aldebert, qui porta ce nom, on les voit employés indistinctement. On pourrait même supposer la même chose pour Varacus et Faraldus, d'après une charte du cartulaire d'Apt, où *Faraldus seu Varaco* et l'évêque Teuderic accordent à un certain Tintenno la dîme de la tour épiscopale (8); comme dans la suite du document nous ne trouvons plus les deux noms, séparés par le *seu*, mais seulement le prénom de *Faraldus*, nous en déduisons que la particule *seu* indiquait que les deux noms s'appliquaient au même individu.

---

(1) Entre Aspremont et Nice sur le flanc méridional du Mont Chauve.
(2) Maintenant *Perinaldo*.
(3) « Egli era senza dubbio del ceppo dei soprannominati conti di Ventimiglia e se non m'inganna « la congettura, egli è quello di cui tolse il nome il luogo di Perinaldo, nelle vecchie carte *Castrum Rainaldi* ». (GIOFFREDO, *Storia A. M.*, vol. I, p. 655).
(4) Girolamo Rossi, *Storia di Ventimiglia e tavola genealogica*, p. 48. et p. 104.
(5) *Cart. Aptense*, f. 1, r. et *Gallia C.* Papon croit suspecte cette charte, vol. I, p. 225.
(6) Id., f. 1, r, et *Cart. de S. Victor*, 10.
(7) En 852 on trouve un *Rotbertus*, qui avec *Dadilo* donne son consentement à l'échange de certains biens entre l'évêque Bonus de Sisteron et Paul d'Apt. (*Cart. Aptense*, f. 17, v.
(8) Id., f. 16, r, et document III.

Comme preuve de l'évolution du nom de *Garacus*, on peut citer la forme de *Vuaraldus* du même cartulaire (1).

Cette remarque est assez importante, car le fils du comte Aldebert porte le prénom de *Garacus*, et le nom de *Faraldus* devient patronymique dans la famille de Rostaing.

En 967 Rotbert et son frère Vuaraco, que Nartold évêque d'Apt appelle ses *fidèles*, reçoivent *in praestaria* le château de Saignon avec ses dépendances, ainsi que plusieurs autres droits, dîmes, terres, dans les villages de *Prataleone*, *Torrizello*, *Petrolas*, *Inscontra*, *Calvisas*, *Casanova*, *Rius*, *Domonova*, *Juncarias*; à leur tour les deux frères donnent à l'évêque ce qu'ils possèdent par héritage de leurs parents à *Lausnava*, *Clavajano et Baxo*, en conservant toutefois la jouissance pour eux-mêmes et un de leurs héritiers (2).

Un demi siècle plus tard ce château de Saignon appartient encore à la famille du comte Aldebert. Il y aurait donc tout lieu de croire que Guaraco est le père des comtes Apollon, Aldebert et de Rostaing; mais d'autres rapprochements nous le confirmeront.

En laissant là tous les détails généalogiques, très intéressants pour Apt, que nous fournit le cartulaire (3), nous dirons que l'inféodation de Saignon faite en 967 à Rotbert et à Vuaraco concorde avec trois documents conservés dans le Gallia. En 1004 Rotbert et sa femme Mogla (?), Vuaraco et sa femme Aramberta fondèrent l'abbaye de Saint-Eusèbe à Saignon (4).

En 1032 Eldebert et sa femme Ermengarde, leurs fils Eldebert et Garache donnèrent à l'abbaye de Saint-Gilles *aliquid de alode nostro qui est in comitatu Aptensi in terminum de castro quod vocant Sanione, hoc est abbatiam S. Eusebii cum suis cellis* (5).

Plus tard cette donation était confirmée par Raimbald de Nice et Bertrand son frère, fils de Laugier le Roux de Nice et d'Amantia, celle-ci fille du comte Eldebert, d'après les paroles suivantes du Gallia: *Anno c. 1048 Raimbaldus et Bertrandus fratres confirmaverunt cessionem Aptensis Abbatiae S. Eusebii factae ab avo suo Eldeberto monasterio S. Egidii* (6).

---

(1) Id., f. 49. En 898 un Vuaraldus donne *in loco ubi dicitur sub petra* (*Cart. Apt.* f. 48 v.°); un siècle plus tard *Apollonius* possède des biens *Subtus roca*.

(2) *Cart. Aptense*, f. 5, r° et v° et doc. IX.

(3) En 980 les deux frères cèdent à Odolric leur fidèle, des biens situés à *Cicadio*, leurs femmes Aramberta et Ailburga signent, la première donne expressément son autorisation (f. 10 et f. 25). — En 982 Guaracho cède à Humbert (tige des d'Agout) ses droits dans les villages de *Casanova*, *Calvisias*, *Argallo*, *Gargasio*, *Guryis*, *Clavagiana*, *Baxo*, *Lausnava*, *Bonilis*, *Ursianicus*; Rotbert, Bermond, Rainard et d'autres seigneurs signent (f. 10 et 11). — En 983 Robert, sa femme Ailburga, leur fils Raynardus font donation à l'évêque Nartold des droits à *Carcopiano* (f. 51). — Ce Raynard épouse Béatrix et possède à *Claromonte* (f. 20). — En 1041 ses enfants s'appellent Pierre, Rostaing, Eldebert, Bermond, Aicelena et possèdent Tourrette et Clermont d'Apt (f. 21 et 22). — Rainard pourrait bien avoir pour sœurs *Iausberga*, *Maura*, *Domedia*, *Poncia*, filles de Robert et de Bonosa; Maura pourrait être la femme d'Humbert d'Agout (f. 29).

(4) *Gallia C.*, vol. I, p. 377. Le nom de Vuaraco est écrit *Maraco* et *Imaraco*, par erreur de transcription ou d'impression.

(5) Id., vol. VI, instr. p. 176.

(6) Id., vol. I, p. 356.

Eldebert était, par Amantia, l'aïeul paternel des deux seigneurs de Nice.

Dans un cartulaire de notre région il est aussi fait mention de ce monastère de Saint-Eusèbe, qui appartint pendant quelque temps à l'abbaye de Lérins, par la cession qui lui en avait été faite par Laugier, sa femme Amantia et Garache, frère de celle-ci (1).

Après avoir ainsi établi quel serait, selon nous, le père des comtes Apollon, Aldebert et Rostaing, nous allons étudier la position qu'ils occupaient dans les Alpes Maritimes.

Une charte du cartulaire de Lérins, nous apprend que le comte Aldebert ainsi que sa femme Ermengarde ont fait largesse au monastère de Lérins de nombreux droits féodaux dans les villages de Massoins, Bairol et Entrevaux (2) au comté de Glandèves; après la signature des donateurs se trouve celle de l'évêque Durand, jadis abbé de Saint Eusèbe (3), puis celle d'Aldebert et Garache. Ces derniers étaient les enfants des donateurs (4). Si on met en regard le cartulaire de Lérins et celui de S. Victor, on trouvera dans ce dernier, en l'année 1043, le même Aldebert, sa femme Ermengarde, leurs fils Aldebert et Garache, leurs filles Fides et Amantia, qui donnent à l'abbaye de Marseille des biens au comté de Glandèves, l'église de Saint-Cassien d'Amirat (5).

Des filles du comte Aldebert, une Amantia épousera Laugier le Roux de Nice; l'autre Fides sera peut-être la femme de Guillaume d'Antibes fils de Jausserand.

Ensuite c'est à Castellane même qu'on retrouve Aldebert, sa femme Ermengarde et leurs enfants Aldebert et Garache; un frère Rostaing; les neveux de ces deux seigneurs (6). C'est la grande charte de Castellane.

Les bénédictins de Marseille prétendaient la restitution de leurs droits sur Castellane, tels que jadis il les avaient possédés; les deux frères et leurs neveux, ainsi que l'évêque de Senez (dont Castellane dépendait), rendaient à l'abbaye ce lieu avec toutes ses dépendances, églises, paroisses, terres, hommes (7).

Castellane avait été en effet une terre allodiale de l'abbaye, comme le dit l'évêque de Senez dans un acte de 1038 (8).

---

(1) *Cart. de Lérins*, p. 191. Il y a fautivement *carta de ecclesia S. Eugenii*.
(2) Gioffredo, *Storia A. M.*, vol. I, p. 599, écrit *et in terrivis de Bairolo*; la transcription du cartulaire que nous croyons plus exacte, dit *Inter-Rivos et Bairolo*.
(3) *Cart. de Lérins*, p. 133.
(4) « Haec omnia laudavit et firmavit Aldebertus comes et Ermengarda, laudavit et firmavit « Durantus episcopus Nicensis (l. Vincensis); Aldebertus et Garachus firmaverunt » (*Cart. de Lérins*, pag. 314.
(5) « Ego Aldebertus et uxor Ermengarda et filii nostri Aldebertus et Varaco et filie Fides et « Amantia donamus.... in comitatu Glannicense subtus castrum que nominant Amirat, id est ecclesiam « St. Cassiani » (*Cart. de S. Victor*, 781).
(6) « Ego Heldebertus et uxor mea Hermengarda, simulque domnus Amelius episcopus Senecensis « et frater meus Rostagnus, nec non et nepotes nostri Dodo Abillonius et Pontius Gualo, Rostagnus, « Herbaldus et Isnardus............filii Ardeberti firmaverunt, idest Heldebertus, Waracus ».(*Cart. de S. Victor*, 768).
(7) « Monachi... conquirentes a nobis locum quemdam, qui antiquitus vocabatur Cimira, asserentes « hoc ex testimoniis cartularium vetustissimis... quod tamdiu tenuimus incaute.... reddimus ecclesiam « S. Marie, que est in territorio Petre Castellane... cum parrochia et cum hominibus in eadem villa « commorantibus... » (Id.).
(8) « Audiens Petram Castellanam castrum sive villam, que antiquitus vocata est Cimiramis, « alodem esse monasterii Massiliensis... » (Id., 773).

La confrontation de ces trois chartes fournit la preuve irréfutable que le comte Aldebert était seigneur de Castellane avec son frère Rostaing et un autre frère absent ou probablement décédé.

Ce troisième frère, d'après le nom même de son fils *Dodo Abillonius*, devait s'appeler *Abellonius* soit *Apollonius* : or la famille dont nous nous occupons avait aussi, comme nous l'avons vu, de grandes possessions dans le comté d'Apt : c'est précisément là qu'à la fin du dixième siècle nous trouvons, par une chance heureuse, le nom du *Comite Apollonio*, comme possesseur d'une terre *subtus Roca* (1) attenante à celle que Garibaldi donne à l'église d'Apt (2). C'est probablement l'Abellonius qui de 998 à 1002 signe comme témoin avec Rostaing de Sabran, Guillaume vicomte de Marseille et autres hauts personnages dans un acte de donation de biens dans le comté d'Orange faite par le marquis Rotbald, sa femme Eimildis, la comtesse Adélaïde et son fils Guillaume (3). Les preuves que le comte Apollon s'identifie avec le frère du comte Aldebert et de Rostaing sont les suivantes.

1° Le nom même de Dodon auquel est ajouté le prénom paternel, *Dodo Abellonius*, comme distinctif soit de *Dodon* son oncle, mari de Galburgis et père de *Pontius Pulverellus*, soit de *Dodo Pulverellus*, fils de ce dernier (4).

2° Pons, deuxième fils du comte Apollon, porte le nom de *Pontius Abellonius* (5) dans la donation de Colmars, faite par Eldebert, Ermengarde et Garache, et il signe après ce dernier, qui est son cousin germain (6) : or par l'acte de donation de l'église de S. Pierre d'Aiglun (7), faite en 1039, il résulte que les trois frères *Ripert*, *Pons Pulverel* et *Laugier* sont cousins germains de Pons, fils du défunt Abellon (8).

3° Nous verrons que c'est dans la branche du comte Apollon et peut-être aussi dans celle du comte Aldebert que se sont conservés les droits appartenant d'abord à toute la famille sur Castellane : et cela contrairement aux opinions admises par plusieurs savants généalogistes, qui font descendre les Castellane de Pons Pulverel, ou qui leur donnent d'autres origines (9).

Les trois frères Aldebert, Rostaing et Apollon paraissent avoir eu deux sœurs, *Isingardis* et *Valburgis* : on peut faire cette induction en voyant leurs enfants avoir part aux mêmes possessions que leurs oncles et porter dans les deux lignes femminines les mêmes prénoms. Isingardis a épousé *Constantin* et a six enfants, *Ripertus, Dodo, Lambertus, Poncius, Hugo, Abillonius* (10). Ces prénoms, à part celui de Lambert,

---

(1) Probablement le village de la Roche au midi d'Apt.
(2) *Cart. Aptense*, f. 51, v°, et document V.
(3) *Cart. de Cluny*, vol. III, n. 1987.
(4) *Cart. de S. Victor*, 429, 770.
(5) La grande charte de Castellane porte *Pontius Gualo*, mais il est possible que la virgule dut originairement séparer ces deux noms.
(6) *Cart. de S. Victor*, 765.
(7) *S. Petri de Clusellas*.
(8) « Ego Ripertus filius Vualpurge, simul cum Pontio, filio Abellonii, mei quondam avunculi... « et pro anima prenominati Abellonii et pro anima (Leodegarii fratris mei............ » (*Cart. de S. Victor*, 782).
(9) Borel d'Hauterive, *Ann. de la noblesse*, a. 1886, p. 141. Vicomte De Poli, *La Terre Sainte*, a. 1886, p. 641. etc.
(10) *Cart. de Lérins*, p. 193 et préface, p. xii.

sont ceux des autres neveux d'Adalbert et de Rostaing dans la donation de Castellane et ceux de leurs descendants. Constantin et ses enfants, en 1022 (1), donnent à l'abbaye de Lérins l'église de S. Saturnin de Briançonnet et ses dépendances, au comté de Glandèves: prennent part à cette largesse Aldebert, sa femme Ermengarde et leur fils Aldebert (2).

Le cartulaire de Lérins contient quelques autres chartes relatives aux confirmations accordées à l'abbaye par les fils de Constantin: nous voyons en 1081 Hugues seigneur de la quatrième partie de Briançonnet et de la cinquième de Mujoulx: cette dernière possession conduit à observer qu'Aldebert fils de Garache portait le titre *de Mugulo* (3) ou *dal Mugolt* (4); il est témoin en 1092 à la confirmation des donations paternelles par Abellon fils de Constantin (5); en 1125 à l'acte de transaction entre l'abbaye et les *milites Briancionenses* (6).

On voit ainsi les relations entre les deux familles, d'Isingarde et d'Aldebert se continuer pendant un siècle.

De la même manière *Valburge* a épousé *Dodon*, fils d'un seigneur d'Apt, *Pons* ou *Arbald*; leurs enfants portent les prénoms de *Hugo*, qui devint évêque de Senez, *Ripertus*, *Leodegarius*, *Poncius Pulverellus*, *Bonifacius*, *Arbaldus* (7). Ce sont les prénoms de leurs cousins.

On observera encore les circonstances suivantes. Dans la notice des biens possédés par l'abbaye de Saint-Victor à Castellane et dans ses environs, après la mention des donations d'Aldebert et d'Ermengarde, il y a tout de suite le nom de *Galburge* et la mention de ses enfants, tandis que son mari n'y est pas nommé ; ce qui prouverait que c'est par elle que cette famille (dite de Pulverel pas les généalogistes) a eu les biens qu'elle possédait en commun avec les sires de Castellane (8). En 1043 l'évêque Hugues et ses frères prennent part à la confirmation de la grande donation de Castellane avec les fils d'Eldebert leur oncle, les fils d'Arbald et ceux de Pons leurs cousins (9). Trois des fils de Dodon, soit Ripert, Pons Pulverel et Laugier, ont pour cousin germain Pons fils d'Abellon (10). Dans une autre charte nous trouvons *Dodon*, sa femme *Valburge* et tous leurs enfants, ainsi que Dodon Pulverel, faisant donation à S. Victor de biens allodiaux dans le comté d'Apt, parmi lesquels l'église de S. Jean in *Campanias* (11). Le père de *Dodon*, mari de Valburge, devait s'appeler *Pons*; car en 1053 *Pontius*

---

(1) La date se trouve seulement dans l'original ; l'année n'y concorde pas avec l'indiction indiquée il faut donc la fixer à l'année 1017, car en 1032, Odilon abbé de Lérins, à qui la donation est faite, avait cessé de vivre.

(2) « Ego videlicet Aldebertus et uxor mea Ermengardis filiusque noster Eldebertus, eodem modo, « quidquid habemus divisione huius terre... concedimus... Signum Aldeberti participis huius elemosine; « signum Aldeberti ipsius filii ». (*Cart. de Lérins*, p. 195).

(3) Id., p. 199.
(4) *Cart. Aptense*, f. 9.
(5) *Cart. de Lérins*, p. 198.
(6) Id., p. 199.
(7) *Cart. de S. Victor*, 429, 768, 782.
(8) Id., 776.
(9) Id., 768.
(10) Id., 782.
(11) Id., 429. Dans le même document, mais avec la date précisée, le 9 avril 1069, Garache et sa femme Dilecta, donnent l'église de S. Donat.

Pulverellus et l'évêque d'Apt Alfante confirmèrent la convention *quam avus meus Pontius fecit cum episcopo Nartoldo*; il donnait à l'évêque une vigne sise à *Silvolas* et il recevait en échange la *praestaria* des dîmes *in villa Sancti Saturnini et in villa Agnana et in Antinianicos* (1); la première convention s'était passée dans les mêmes termes en 978 entre *Pons* mari d'*Ermengarde* et l'évêque (2).

Nous devons faire à ce sujet une remarque importante ; Pons-Arbald ne peut pas être le frère d'Aldebert et de Rostaing ; car dans la grande charte de Castellane, le seul *Dodon* qui soit nommé n'est pas le mari de Galburge, mais le fils d' Apollon *(Dodo Abellonius)* ; si dans la seconde partie de la charte (qui en est la confirmation, faite par les descendants des premiers donateurs), on trouve en tête des firmataires les fils de *Dodon* mari de *Galburge*, la raison peut en être dans le fait que Hugues son fils jouissait de la dignité épiscopale du siège de Senez, dont Castellane dépendait ; en second lieu, parceque, grâce au mariage de Dodon avec Valburge de Castellane, leurs enfants avaient, eux aussi, des droits sur ce territoire.

Dans une charte de la même époque, nous voyons d'abord Amelius évêque de Senez, puis Hugues qui se dit son successeur, accorder au monastère de S. Marie construit à Castellane, les droits sur cette église qui dépendaient de son évêché ; signent en premier lieu Aldebert, sa femme et ses enfants, puis Pons de Saint Martin, Pons Pulverel, son fils Dodon et ses frères Boniface et Arbald ainsi que plusieurs autres seigneurs (3).

V.

Les seigneurs de Castellane.

Nous avons dit que c'est dans la descendance des comtes Apollon et Aldebert que doit s'être consolidé le domaine de Castellane. Nous avons également remarqué que la grande charte de Castellane est composée de deux parties. La première est une *notice* de la reconnaissance des anciens droits de l'abbaye faite par Aldebert, Rostaing et les fils d'Apollon ; la seconde partie (date 1043), est un acte de confirmation de cette reconnaissance passée en faveur de l'abbaye par les descendants des dits seigneurs. Ceux ci sont les suivants: 1° les fils de Dodon, *Hugo episcopus Senecensis, Poncius Pulverellus, Ripertus, Leodegarius, Bonefatius, Arbaldus, Petrus*; 2° les fils d'Arbaud (fils du comte Apollon). *Petrus Gauciolenus, Pontius, Datilus, Guigo*; 3° les fils du comte Aldebert, *Eldebertus, Waracus*; 4° les fils de Pons

---

(1) *Cart. Aptense*, f. 24, r° et v°, document VII.
(2) Id., f. 33 et 34. Un acte à peu près de la même teneur est passé le même jour entre un *Arbald* et sa femme *Ermengarde* et l'évêque. On ne saurait reconnaître s'il s'y agit du même individu ou d'un frère de Pons. f. 31 et 32, document VI.
(3) *Cart. de S. Victor*, 770

(fils du comte Apollon), *dominus Pontius Glanniciensis episcopus et fratres eius, idest Hugo, Guirenus, Bermundus, Rodulphus, Pontius, Iunanus* (1).

Les branches qui sont representées ici doivent être celles dont les descendants ont eu en partage les droits sur Castellane, et c'est parmi elles que nous devons chercher la filiation de la famille de Castellane. Malheureusement il se trouve ici solution de continuité. Une charte conservée dans deux collections importantes (2) aurait pu apporter une grande lumière sur cette question, si la transcription imparfaite de la charte, en ce qui a trait aux noms, ne laissait le problème à peu près insolvable. La charte parait être de l'année 1095. Elle rappelle que Pons, évêque de Glandèves, après s'être fait moine à S. Victor, avait donné à l'abbé Ricard (3) les biens et droits allodiaux qui lui venaient de ses parents à Castellane, Thorame, Alons, Castano, Bagaro, Roca Rufa, Talario (4), Veresone (5): le même abbé restituait aux neveux de l'évêque une partie de ces droits, *ne omnino essent sine hereditate avunculi sui*, et ceux-ci lui prêtaient serment de fidélité, en promettant qu'ils tiendraient à l'avenir ces droits de l'abbaye elle même. Les neveux dont il est question ici, ne sont pas tous nommés. Martène dit seulement *Pontius autem..... fratres sui*, le Gallia dit *Pontius autem Aicardi etc. fratres sui*. Plus loin il est question d'un *Boniface* qui pourrait être un autre frère ou un cousin.

L'évêque de Glandèves, dont il s'agit est certainement Pons, qui parait dans la charte de Castellane, mais comme dans ce document aucun frère de Pons ne porte le prénom d'Aicard, on pourrait lire *Pontius Aicardus*, mais de qui seraient-ils fils?

Là se trouve le point culminant du problème proposé. Nous serions pourtant portés à croire ce Pons neveu de l'évêque fils de Pons; quant à Boniface peut-être était-il son cousin, soit *Boniface* fils d'*Aldebert Varache* qualifié seigneur de Saignon et des Mujoulx, dont nous parlerons. Cette croyance serait appuyée sur ce que l'acte se passe à Callian et que parmi les témoins se trouvent *Hugo Ferus* (6) et *Fulco Dodo* (7); *Boniface de Castellane* (8), se trouve aussi en 1089 avec *Hugo Ferus* et *Fulco Dodo*, arbitre pour les contestations entre les abbayes de Saint Victor et de Lérins. En 1125, dans l'acte de transaction entre Lérins et les *milites* de Briançonnet, au sujet de l'héritage du fils de Constantin, ont signé comme témoins, *Aldebertus de Mugulo* père de *Boniface* ainsi que Raimond Dodon et Geoffroi son frère, des seigneurs de Callian (9). Les fils d'Aldebert de Mujoulx devaient avoir de grands rapports avec Callian, à cause du voisinage du fief de Mujoulx que possédait l'autre branche des fils de Cons-

---

(1) *Cart. de S. Victor*, 768.
(2) De Martène, *Amplissima collectio*, vol. I, p. 549 et *Gall. C.*, vol. III, p. 195.
(3) L'abbé Ricard parait avoir siégé du 1079 à 1121. (*Cart. de S. Victor*, Préface, p. xxv
(4) Alias *Taladoria*.
(5) Alias Veresione, p. e. *Verayon*, près de Puget Théniers ou *Vergon* près d'Annot.
(6) Aldebertus Ferus en 1158 signe à la convention passée entre les milites de Briançon et l'abbé de Lérins pour l'héritage des fils de Constantin. (*Cart. de Lérins*, p. 202.
(7) *Cart. de Lérins*, p. 59. Foulque fils de ce Dodon qui est appelé *Princeps Callianensis*, soit *principal seigneur* de Callian et non *seigneur souverain* comme plusieurs autorités généalogiques le prétendent. Ce Dodon parait être de la famille des seigneurs de Château-Renard, près d'Avignon, qui possédaient plusieurs terres dans notre région, entre autres celle de Roquebrune, *Roccabaronis*.
(8) *Cart. de Lérins*, p. 327. « *Bonifacius de Petra Castellana* ».
(9) Id., p. 200.

4 E. Cais de Pierlas.

tantin. Nous ajouterons encore qu'en 1310 parmi les seigneuries de Boniface de Glandèves se trouve celle *de Mujoulx* (1), provenant probablement à cette famille par la fusion de sa race avec celle des Castellane.

La généalogie des seigneurs de Castellane, à partir de Boniface, ne présente plus de difficulté. En 1122 nous trouvons Boniface de Castellane et ses trois frères Dodon, Raymond et Hugues qui signent en qualité de témoins à la transaction entre l'évêque de Senez, et l'abbé de Saint-Victor pour leurs droits respectifs à Castellane, Thorame et Alons (2).

Il est est essentiel de remarquer que le cartulaire de S. Victor contient deux copies identiques de cette transaction, avec cette seule différence que dans la seconde, après les signatures des quatre Castellane, se trouvent celles de *Raimundus Feraldi, Ugo Feraldi, Fulco Feraldi;* ces trois personnages doivent être les fils de Feraldi, fils de Rostaing Rainardi dont nous parlerons et par conséquent cousins des Castellane; ils signent donc ici comme représentants de la branche de Rostaing. En 1174 un autre Boniface de Castellane se rendait caution pour la somme de mille sous en faveur de Guillaume Feraldi seigneur de Thorame, lequel transigeait avec S. Victor pour les droits féodaux sur ce lieu (3).

La famille était alors tellement puissante qu'en 1189 elle osa tenir tête à Idelphonse d'Aragon; mais ils eurent le même sort que le comte de Forcalquier, et tous devinrent vassaux de celui avec lequel ils traitaient auparavant d'égal à égal (4).

Boniface de Castellane portait le surnom de Rufus en 1205 (5). Il avait probablement épousé Spata de Riez (6). Un de ses fils prit le nom de Boniface de Riez et l'autre celui de Boniface de Galbert, d'après un document de 1124 (7). Le 29 janvier 1226 Boniface de Castellane fils de Boniface recevait à Riez de Raimond Béranger l'investiture de plus de 30 fiefs situés principalement dans les évêchés de Senez, Vence, Fréjus. En 1225 il cédait au comte de Provence Barrême et Thorame basse (qui en 1067 faisait l'apanage de Rostaing frère du comte Aldebert) et recevait en échange Thorame haute et Tartone (8). *La maison de Castellane depuis dix siècles tient dans notre pays un rang particulièrement éminent; sa belle devise héréditaire résume admirablement sa très noble histoire:* « May d'ounour que d'ounours » (9).

---

(1) *Arch. de Marseille*, Série B, 1099.
(2) *Cart. de S. Victor*, 772 e 972.
(3) *Arch. de Marseille*, 762, Série B.
(4) Borel d'Hauterive, *Ann. de la noblesse*, ed. 1845, p. 195
(5) Blancard, *Sceaux de Provence*.
(6) Abbé Briançon, *Généalogies*.
(7) *Cart. de S. Victor*, 1031.
(8) *Arch. de Marseille*, Série B, 326.
(9) Vicomte de Poli, *La Terre Sainte*, p. 644.

VI.

Le comte Aldebert et ses descendants, seigneurs à Thorame, Castellane et Saignon.

On a vu Aldebert prenant part à la grande restitution de Castellane à l'abbaye de S. Victor avec son frère Rostaing et ses neveux (1); mais un acte plus ancien le regarde, car il prend aussi part à la donation faite en 1009 par Rostaing d'un manse à Thorame en faveur de l'église de Sainte Marie de Moustiers (2). À la fin de l'acte se trouvent les signatures de *Pontius, Valo, Rostagnus, Dodo, Abillonius, Isnardus, Arbaldus*. Ce sont les noms des personnages indiqués comme leurs neveux dans la grande charte de Castellane (3).

Les documents que nous avons déjà cités, apprennent que de sa femme *Ermengarde* il a eu quatre enfants, *Eldebert, Varac, Fides* et *Amantia*. Ils ont des possessions dans notre contrée, dans la haute vallée du Verdon. Son fils ainé et Ermengarde sa femme font donation à S. Victor de la dîme sur les poissons de l'étang de Lévidon (4), ainsi que sur les fromages de Colmars et d'Alos (5). Dans la signature son nom est formulé *Aldebertus de Costa* (6); suivent les signatures de Garac (son frère), de Pontius Abellonii (son cousin germain), de Rostagnus Rainardus (autre cousin, petit fils de Rostaing).

Varac, deuxième fils du comte Aldebert a épousé Dilecta (7) peut-être fille de Truand d'Ampus (8).

Varac et Dilecta n'auraient eu qu'un seul fils connu, *Aldebertus Varaco* qui prend parfois le titre d'*Aldebertus de Mugol*, il a une grande position dans le comté d'Apt et plusieurs chartes se rapportent à lui. Par héritage de son ancêtre, Varaco

---

(1) *Cart. de S. Victor.*, 768.
(2) « Signus Rostagnus qui cartula elemosinaria... Heldebertus donavit et firmavit ». (*Cart. de S. Victor*, 772).
(3) Il y a vraiment la différence de la virgule qui partage ici le nom de *Dodo Abillonius*, mais on doit certainement l'attribuer à une erreur du copiste; du reste ces personnages pourraient difficilement être frères des donateurs, puisque il y aurait deux frères Rostaing, chose assez rare et qui dans notre cas n'est appuyé par aucun autre document.
(4) Un étang de ce nom se trouvait à côté de celui du Scamandre près de l'abbaye de S. Gille. (*Gallia C.*, VI, *Instr.*, p. 194).
(5) *Cart. de S. Victor*, 765. Decimum et formaticos de Alpibus que pertinent ad collo Martio et ad Alodes. Le mot *Alpibus* doit indiquer les chalets des alpes, qui sont ainsi appelés dans ces montagnes; collo Martio doit être *Colmars*, et *Alodes, Alos*, sur le Verdon.
(6) *Costa* est un village du comté d'Apt, appartenant à cette église (*Cart. Aptense.* p. 27 et 28). En 1293 un *B. de Costa* vend à Charles d'Anjou des biens situés à Thorame (*Arch. de Marseille*, Série B, n. 396).
(7) *Cart. de S. Victor*, 249.
(8) Truand et sa femme Amalsendis donnent deux églises à Lérins, sont témoins Rainardus (prob. père de *Rostaing seigneur de Val de Bloure*) et Bernard (prob. *Bernardus Caixus*, témoin à Val de Bloure vers 1050), car dans les deux documents nous trouvons les mêmes témoins *Adelardus* et *Bernardus*. (*Cart. de Lérins*, p. 54).

du dixième siècle, il possédait la châtellénie de Saignon (1); il la donne en fief à Rostaing d'Agout fils de Rostaing et d'Adelaïde, et à ses frères Humbert, Raimbald, Raimond, Laugier, qui lui en prêtent serment (2). C'est bien lui car il est qualifié de *Aldebertus filius Dilectae*. Cette investiture accordée par Aldebert aux d'Agout est rappelée en 1130, lorsque l'évêque Laugier concéda à ses neveux Guiran et Bertrand en fief, *ad fidelitatem et servitium.... quantum Aldebertus de Mugol, Rostagno de Agolt dedit* (3).

En 1113 l'évêque Laugier achète Crugère pour le prix de 1300 sous de Melgueil de ce même Aldebert et de son fils *Guillaume* en obtenant le consentement de tous les *milites* du château (4). Une autre charte du cartulaire d'Apt nous donne l'acte même de vente (5); nous y voyons que *Heldebertus Garac* a eu son fils Guillaume de *Derbucis*, sa première femme, et trois autres fils *Bertrand, Raymond* et *Boniface* (6) de *Sansa* sa seconde femme. Parmi les témoins on remarque *Leodegarius de Petra Castellana, Geoffroi de Briançonnet* (7), *Geoffroi Aicardi, Bertrand de Saignon*, etc., le prix d'achat est de 1100 sous de Melgueil. Nous trouvons une seconde donation du château de Saignon qui s'appelle Crugère, qui selon la date exprimée en toutes lettres dans la charte, aurait eu lieu en 1122 (8); mais il doit être question ici d'un autre château, le principal de Saignon, car il est qualifié vers la fin du document de *castro maiori*. Aldebert et ses fils déclarent qu'ils seront vassaux de l'église. Le même évêque Laugier, comme nous l'avons dit, donnait aussi en 1130 le château de Crugère à ses neveux, qui lui en prêtaient serment de fidélité (9).

VII.

Rostaing et ses descendants, seigneurs à Thorame, Castellane, Val de Bloure, etc.

Rostaing a fait en 1009 donation à l'église de S. Marie de Moustiers de certains biens à Thorame, le comte Aldebert son frère a concouru à cette donation, les fils du comte Apollon, son autre frère, ont signé (10).

Quelques années après il participe à la grande donation de Castellane (11).

---

(1) Saignon s'appelait anciennement Obaga d'après une charte du 910. (*Cart. Aptense*, f. 47 v°).
(2) Avant 1103, à cause que Laugier n'est pas encore qualifié d'évêque (*Cart. Aptense*, f. 8 v°). *Sacramentum Aldeberti de Sagnone*, Document VIII.
(3) *Cart. Aptense*, f. 9; *Donatio de la Orugeria*, Document X.
(4) *Cart. Aptense*, f. 6 v° et 7 r° *Donatio de Sagnione a Leodegario*, Document XIV
(5) Id., f. 7 v°, *Venditio Aldeberti de Crugeria*, Document XX
(6) C'est celui que nous pensons pourrait être Boniface de Castellane.
(7) Petit fils de Constantin et d'Isingarde. (*Cart. de Lérins*, p. 199).
(8) *Cart. Aptense*, f. 8 r° et v° *Feudum Aldeberti super Crugeria*, Document XII
(9) Id., f. 35 v°; *Sacramentum de Crugeria*.
(10) *Cart. de S. Victor*, 772.
(11) Id., 768.

Nous ignorons le nom de sa femme, mais elle était probablement des vicomtes de Nice, peut-être sœur de Odila, puisque son petit fils possède le village d'Aspremont et que son fils y a fait construire un château qui porte son propre nom. Son fils s'appelle en effet Rainard, nom de famille que nous avons vu être celui du fils de Rotbert du dixième siècle. Rainard parait peu dans les chartes, nous le voyons signer dans une donation d'Aldebert son oncle pour Castillon (1). Avant 1048 il signe à un acte de Truand d'Ampus, probablement père de *Dilecta* mariée à Varac, son cousin germain (2). En 1028 il signe à la donation faite à Saint-Pons par Laugier de Nice et sa femme Odila (3). Ce doit être lui dont il est question dans un fragment de charte du cartulaire de Lérins qui porte pour titre *Carta de Tenias*, où *Rainaldus*, entre les années 1028-1046, donne à l'abbé Amalric des biens situés à la Roque Esteron (4). La meilleure preuve de la filiation nous est pourtant fournie par une charte de Saint-Victor très importante pour le comté de Nice; car la concordance des noms avec une charte de la cathédrale de Nice (5), nous démontre les relations de Rostaing et de son petit fils Rostaing Rainard avec notre ville.

En 1056 *Rostagnus filius Rainardi* (6), sa femme Adélaïde, leurs enfants Férald, Guillaume et Pierre donnent à l'abbaye de Marseille trois églises sises au Puy, *in Podio*, avec les terres qui les entourent. Le Podium, dont il est question, s'identifie avec le château de Puy Agut situé à Thorame basse (7), aussi par la raison que cette charte se trouve parmi celles de Thorame (8).

Rostaing est seigneur de Thorame, car plusieurs vassaux prennent part à la donation pour les biens qu'il tiennent, *per eundem seniorem suum Rostagnum*. Une autre phrase indique le nom de son aïeul; il restitue un manse, *quem dedit avus meus Rostagnus*. C'est le manse dont il est question plus haut en 1009.

Ce même Rostaing, *Rostagnus filius Rainardi*, est un des plus grands seigneurs dans le comté de Nice, comme le prouve la charte de la Cathédrale à laquelle nous venons de faire allusion, ainsi qu'une charte inédite dont copie authentique se trouve dans les manuscrits de la Bibliothèque Royale de Turin.

Gioffredo le premier a cité ce document, mais sans le donner. Dans le *Nicea Civitas* il dit, en parlant de Raymond évêque de notre ville: *Anno sequenti* 1067 *a Rostagno Rainardi et Adalaixi uxore eius recuperavit decimas de Venatione*, etc. (9). Dans son histoire des Alpes Maritimes il parle de ces dîmes, *restituite da Rostagno Rainardi ed Adelasia sua moglie, i quali dovevano essere signori principali in quel paese* (10).

---

(1) *Cart. de S. Victor*, 775.
(2) *Cart. de Lérins*, p. 54.
(3) Gioffredo, *Storia A. M.*, vol. I, p. 613.
(4) *Cart. de Lérins*, p. 202.
(5) *Cart. de la cath. de Nice*, n. 9.
(6) *Cart. de S. Victor*, 764.
(7) Bouche, *Chorographie*.
(8) Les descendants d'Adalbert ou de Rostaing continuèrent à le posséder. En 1361 Foulque de Podio prête hommage à la reine Jeanne pour la seigneurie de Thorame basse. En 1386 Geoffroi Feraud fait hommage pour sa part de Colmars et de Beauvezer et pour tout ce qu'il a hérité à Thorame de Feraud de Puy Agut. (*Arch. de Marseille*, 553, 768).
(9) Jofredi, *Nic. Civ.*, p. 162.
(10) Gioffredo, *St. A. M.*, p. 615.

Notre charte dit en toutes lettres qu'il s'agit de Rostaing fils de Rainard, *Rostagnus filius Rainardi*, que sa femme s'appelle Adelaïde, que leurs enfants sont Ferald, Guillaume, Pierre. On le voit, c'est la famille de Castellane-Thorame du cartulaire de Saint-Victor (1). Rostaing restitue à l'église de Notre Dame de Cimiez et de Nice ce qu'il lui a enlevé injustement, *ipsam decimam quod est in castro Venatione et in suo territorio et in Andobio et in sancto Dalmacio in Valle Blora et in castrum quod dicitur Pedastas et in Rege placito et in omnibus territoriis ad illos pertinentibus; et in castrum quod nominant Rorà, et in loco qui dicitur Falcario et castrum quod nominant Leudola, et sancti Stephani Tiniensis, et ecclesiam Beati Dalmacii, in his supradictis locis cum omnibus suis apenditiis ipsas decimas cum ipsas ecclesias.* Il s'agit donc non seulement des dîmes, mais des églises elles-mêmes et de toutes leurs dépendances. L'évêque à son tour lui accorde la jouissance de la moitié de ces dîmes, à la condition qu'il en usera pour le service de Dieu et à la place de l'évêque et qu'il sauvegardera en faveur de celui-ci la possession de l'autre moitié de ces droits.

L'acte se passe aux 17mes calendes d'avril en l'année 1067. *Anno millesimo trabeationis domini sexagesimo septim*o. Après la signature de tous les donateurs se trouve celle de *Miron* et de *Rostaing*, les fils de Odila, que Gioffredo qualifie de comtes de Nice.

La seconde charte que nous avons indiquée, est un document bien précieux pour l'histoire de Nice, car il jette un nouveau jour sur les possession de cette famille. C'est une donation faite à l'église de S. Dalmas de Val de Bloure, vers 1060, par Rostaing et sa femme Adélaïde, qui en étaient les seigneurs, comme nous venons de le voir (2).

La pièce originale, qui dans la seconde moitié du siècle passé appartenait à Etienne Curlando (3), s'est perdue; mais il en reste une transcription authentique et présentant toute garantie de précision, car elle a été faite sur l'original même par Xavier Nasi archiviste à la Cour des comptes, et a été collationnée par le comte Prosper Balbo, savant historien et diplomate Piémontais. Une annotation autographe du comte Balbo fixe la date de la charte au xi siècle (4).

Cette date, le nom du donateur et celui de sa femme, l'église en faveur de laquelle est faite la donation, nous assurent qu'il s'agit encore ici de Rostaing fils de Rainard.

Nous allons en voir une autre preuve.

La donation est faite avec les formules de garantie qui devaient la rendre irrévocable et selon le style de l'époque. C'est d'abord *unum sedimen cum horto de hereditate nostra*, que Rostaing et sa femme donnent et vendent, *donamus et vendimus... accepto pretio solidos quinque;* ensuite c'est une prairie tenue par *Addaldus* avec le correspectif d'un cheval, *accepto prescio uno caballo*, ainsi que la troi-

---

(1) *Cart. S. Victor*, 764.
(2) Bibl. Royale, Mss., *Miscellanea di Storia Patria*, vol. 57 et Document XI.
(3) Archiviste à la Cour des Comptes de 1766 à 1786.
(4) « Presens autem charta ex caracteris forma atque intrinseca structura queis archetypum constat ad xi saeculum referenda videtur ».

sième partie des paturages du château d'Aspremont et des brebis seigneuriales de Saint-Dalmas et des hommes, *et terciam partem de pascherio de castro que vocatur Aspermunt, cum appendiciis eius de fedas dominizas de Sancto Dalmacio et de homines...* Ici le manuscrit, copie exacte du parchemin, a laissé un malheureux vide; il continue avec les paroles: *accepto pretio uno mulo.*

Après les noms des témoins *Wido et Bernardus testis*, *Adelardus testis* (1), *Vidobaldus testis*, on trouve *Alemannus monachus scripsit et manu sua firmavit*. C'était sans doute le prieur bénédictin de Saint-Dalmas de Val de Bloure, car contrairement à ce que dit Gioffredo, Saint-Dalmas ne doit pas avoir appartenu aux templiers (2). Son église, superbe monument d'architecture romane, avec sa crypte, ses colonnes, ses châpiteaux, rappelle tout à fait l'église du prieuré de Saint-Michel de Vintimille, dépendance des Bénédictins de Lérins. Le prieuré de Saint-Dalmas avait un monastère cloîtré, résidence de plusieurs moines bénédictins, et dépendait de la grande abbaye de Saint-Dalmas de Pédone. Les prieurs de Val de Bloure étaient seigneurs féodaux de Saint-Dalmas, la Roche, Boline et Saint-Martin Lantosque, dont ils partageaient la juridiction avec les seigneurs séculiers descendants de Rostaing. On le voit, une partie de la juridiction seigneuriale doit remonter à cette charte de donation.

Les témoins qui signent à la seconde partie du document sont *Aimus testis, Bernardus Caixus testis, Mainfredus testis, Milo de Cagna firmat* (3).

Ce qu'il y a de très important dans cette charte est la notion que Rostaing, fils de Rainard, était aussi seigneur d'Aspremont. Ce fait nous prouve que Rostaing de Val de Bloure était bien réellement le fils de Rainard, car au midi du village d'Aspremont se voient encore les ruines d'un château d'une certaine importance assis sur une superbe position qui domine le chemin allant de Nice à ce village et qui porte précisément le nom de Château-Rainard.

Nous verrons plus tard, à la moitié du XIIIe siècle, les seigneurs de Val de Bloure posséder encore Aspremont.

Maintenant on se fera naturellement la demande: comment Rainard a-t-il pu avoir la seigneurie d'Aspremont, presque une dépendance de Nice, un point stratégique, que les vicomtes ne devaient guère aimer de laisser à quelqu'un qui ne fût pas des leurs? On ne saurait comment répondre à cette question; on doit se limiter à supposer qu'une sœur des vicomtes de Nice eût apporté comme dote cette seigneurie à Rainard. Nous ajouterons pourtant qu'un descendant de Rainard, Raimond Feraud

---

(1) Cet Adelardus se trouve aussi comme témoin à une donation de Lambert seigneur de Vence en 1042 (*Cart. de S V.*, 787). Il signe aussi vers 1048 avec Rainardus et Bernard à la donation de Truand d'Ampus (*Cart. de Lérins*, 54).

(2) « S. Dalmatii de plano, castrum a S. Dalmacio martyre sub Decio, Niciensis tractus illustratore dictum, eius nomini sacram, ac ut fertur, templariorum equitum iuri quondam subditam habet ecclesiam. Bolina et Rocha, cum superiore S. Dalmatio, vallis Blorae sunt pagi, ac pareciam unicam quae S. Jacobi ecclesia est, constituunt ». (JOFREDI, *Nicea Civitas*, p. 45).

(3) Ce Milon ou Miron de Cagnes, qui non seulement est témoin, mais *firmat*, doit être Miron, fils d'Amic, seigneur de Vence, frère de Lambert, qui en 1041 fait une donation. Dans le même acte se trouve comme témoin *P. de Caigna*. (*Cart. de S. V.*, 791).

d'Ilonsa, moine bénédictin et troubadour, dans sa vie de Saint-Honorat parle (1) d'un guerrier de Charlemagne du nom de

> Raynaut lo princes de Bellanda
> De Cimiers et d'aquella banda (2).

Il serait fort possible que la tradition de Rainard se soit conservée pendant trois siècles dans la famille et que le troubadour ait voulu faire allusion à son aïeul.

Nous avons vu plus haut Rainard faisant donation à Lérins de biens à Roque Esteron. Un prieuré bénédictin s'y élevait et Raymond Féraud parle de cette demeure qu'il habitait comme prieur, ainsi qu'il le dit, et qui avait sans doute été édifié par la piété de ses ancêtres (3).

Guillaume, *Guillelmus Rostagni*, second fils de Rostaing est le mari d'*Advenia*. Il a deux fils, Bertrand et Hugues. Ce dernier vers 1109 entre dans l'ordre des chanoines de Nice et en cette occasion, avec son frère, il cède au chapitre la quatrième partie du château de Venanson et de leurs vassaux à Saint-Dalmas et à Pedastas (4). A signé comme témoin, parmi d'autres, *Richerius* (5).

Comme pour la branche de Castellane, à la fin du XIe siècle nous ne trouvons pas pour celle de Thorame la continuité dans la filiation. Nous avons pourtant vu plus haut trois seigneurs portant, après leurs prénoms, le nom de *Feraldi*; on peut supposer qu'ils soient fils de Ferald, l'aîné des enfants de Rostaing (6).

Un demi siècle plus tard, en 1174, Guillaume Ferald transige avec l'abbaye de Saint-Victor pour les droits féodaux et les possessions qu'il avait à Thorame (7). C'est lui qui en 1218, se voyant à la fin de ses jours, se faisait moine de Saint-Victor, en faisant une donation et en élisant Raymond de Beaujeu comme tuteur de ses possessions et de ses filles (8). Il est très possible, d'après ce document, qu'il n'eût pas de fils et que ses biens de Thorame soient passés par mariage à d'autres branches.

Ce qui nous prouve son entière juridiction féodale sur Thorame sont les paroles suivantes qui se trouvent dans la charte et qui indiquent l'autorité judiciaire : *sed ut fortior esset donatio, dominus I. Episcopus* (9), *iudex noster ordinarius, ad Toraminam accessit, ad quem totum testamentum declaravi.*

---

(1) Selon un ancien manuscrit du XIIIe siècle des Archives de Marseille, Nice aurait jadis porté le nom de *Bellanda*. « Civitas Nicie posita in capite Provincie in rupe supra mare ab antiquis antiquitatum « Bellanda vocata, est in dominio comitis Provincie cum toto suo episcopatu ».

(2) *La vida de S. Honorat*, par Raymond FERAUD, publiée par la Société de lettres, sciences et arts des Alpes maritimes. Notes de A. C. SARDOU, V, p. 134, 136 et 192.

(3)   *Hom l'appella Raymon Feraud*
              En la Roqua tenc sa mayzon
              Priols en la val d'Estaron.
                                      La vida de S. Honorat, p 208.

(4) *Cart. eccl. cath. Nicensis*, 23.

(5) C'est le même qui a signé en 1109 à la donation de Villevieille par les fils de Pierre Isnardi. (*Cart. eccl. cath. Nicensis*, 3).

(6) *Cart. de S. Victor*, 972.

(7) « Ego Guillelmus Feraldi... exactiones quas ab hominibus sub dominio ecclesie Sancte Marie « de Toramina de prediis et honoribus casatis faciebam, scilicet corroatas, asinarias, clausuram castelli « et excubias ad custodiam castelli et omnes iniustas exactiones relinquo..... in manu sacra domini « Poncii, Senecensis episcopi ». (*Cart. de S. V.*, 1018 et 1022).

(8) « cum, ex iniquitate devenirem ad morbum incurabilem... ». (*Cart. de S. V.*, 1019).

(9) La charte a *J. episcopus*, évêque; mais il doit être question ici du nom de famille *Episcopus*.

VIII.

Les Thorame - Glandèves.

Les fils de Rostaing sont donc les ancêtres de la famille de Thorame et des seigneurs de la haute vallée de la Tinée. Ils le sont probablement aussi des seigneurs de Glandèves, de Saint-Alban et de Beuil.

Les généalogistes de Nice et de Provence n'ont pas eu le soupçon de cette origine ; ils ignoraient même les détails de cette filiation que nous venons d'exposer. Ils font généralement descendre les seigneurs de Glandèves de certains frères *Pierre Balb* et *Milon* dit *Lagit*, qui en 1066 donnèrent à l'église de Nice (1) des dîmes, des terres, des hommes, à Clans, au Puget (2), à Maria.

Ces mêmes personnages sont nommés dans un document du cartulaire de Lérins, par lequel plusieurs seigneurs de cette région, se rappelant que les églises de Sainte-Marie et de Saint-Martin, qui sont *sub Poieto castro iuxta littore fluvii Vari*, étaient jadis sujettes à ce monastère, en font la restitution (3); les deux frères dans cet acte ne donnent rien au Puget, mais à Verrayon; ensuite tous les donateurs ensemble, *omnes nos suprascripti donatores*, donnent les églises de Saint-Martin ad Maxilinas (4) et celle de Saint-Thomas.

Seulement les généalogistes n'ont pas remarqué un fait assez notable, que des quatre fiefs ci-dessus Clans n'appartenait pas au comté de Glandèves, d'après les expressions de l'acte lui-même; Maria pas davantage, étant sur la rive gauche de la Tinée ; quant au Puget, s'il s'agit de Puget Théniers, il n'appartenait pas non plus anciennement au comté de Glandèves, mais bien à celui de Tinée, puisque, tout en étant sur le bord du Var, on l'appelait *Podietum Thenearum;* quant à Verrayon, c'était un simple hameau de Puget Théniers.

Nous avons au contraire remarqué que la famille d'Aldebert possédait les terres de Briançonnet, de Saint-Cassien, d'Amirat, d'Entrevaux, toutes du comté de Glandèves. Son beau-frère Constantin et ses descendants possédèrent la plus grande partie

---

(1) Cais de Pierlas, *Cart. eccl. cath. Nicensis*, 21. Gioffredo dans la *Nic. Civitas*, p. 161; ne donne pas cet acte complet.

(2) Gioffredo, *Storia A. M.*, vol. I, p. 664 dit qu'il s'agit de Puget Garnier: *Pogetto Garnier, luogo ora distrutto*.

(3) *Cart. de Lérins*, 186. Une note au Cartulaire édit. Flamare, p. 228 dit ques ces églises sont : Notre Dame de la Roudoule et St. Martin, qui devinrent le siège d'un prieuré.

(4) Raymond Feraud dans la chanson intitulée *A Chaudol de Thenias* dit qu'un homme de *Chaudol* passait à côté de la montagne de Dina, qui est près du *Poget de Rostagn*, au-dessus du *Poget de Theniers*, ou *a gleysa lo monestiers...*

Hugo l'appellan siey vesin,
Al Toet vay per lo camin
E passava per Mayssellinas.
(*La vida*, p. 163).

de la juridiction féodale de Briançonnet, de Mujouls, de Gars (1), ainsi que l'église de la Cluse à Aiglun, terres du comté de Glandèves.

La raison principale qui a engagé les généalogistes à donner *Pierre Balb* comme ancêtre aux Glandèves est ce même nom, qui dans la suite se retrouvera souvent parmi ces seigneurs. On peut objecter à cela que précisément en 1164 nous trouvons Pierre Balb et Guillaume de Saint-Alban son frère, qui renoncent à tous les droits qui pouvaient leur appartenir sur le château de Drap comme héritage de leurs ancêtres; or, le fief de Saint-Alban que possède le frère de Pierre Balb est précisément près de Briançonnet et d'Amirat, qui étaient les possessions d'Aldebert et de ses parents. Du reste, les comtes de Vintimille-Lascaris ont continuellement ce nom de Pierre Balb, sans qu'ils descendent aucunement de Miron Lagit ou de son frère.

La famille d'Aldebert, d'Apollon et de Rostaing s'étant étendue, ses différentes branches ont pris le nom du fief principal de leur seigneurie; nous avons donc d'un côté les barons de Castellane, de l'autre les *domini baroniae de Glaneses* et les *domini baroniae de Bolio*.

Le premier document où se trouve le titre de Glandèves est cité par Gioffredo, qui l'a vu dans les archives de la famille des barons de Glandèves; il porte la date de 1232 (2). Anselme (3) et Jean de Glandèves, fils de Pierre seigneur de Glandèves, se partagent les fiefs paternels. L'ensemble de ces fiefs comprend à peu près tout le diocèse de Glandèves; il est donc tout naturel qu'un de leurs ascendants les ait possédé complessivement.

Parmi les terres qui échurent en partage à Anselme se trouvait la Seign. d'Entrevaux, le Villar, Saint-Cassien, Montblanc; nous avons justement vu, dans un acte souvent cité, que le comte Aldebert seigneur de Castellane et Thorame possédait aussi les seigneuries d'Entrevaux, le Villar, Saint-Cassien d'Amirat, Briançonnet à côté de Momblanc. Quant à Jean, il a dû être dépossédé bientôt de ses fiefs, d'après l'acte d'échange de 1257 entre le comte de Provence et Guillaume de Vintimille (4).

On pourrait donc avec toute raison supposer qu'Anselme et Jean de Glandèves descendent de la famille de Rostaing ou d'Aldebert. Peut-être Pierre leur père était fils de ce Feraud de Thorame qui en 1227 signait à la cession des droits de consulat faite par la ville de Grasse au comte de Provence (5).

Le premier seigneur qu'on retrouve après Anselme est Guillaume de Glandèves; en 1310 son fils Guillaume Féraud porte le titre de seigneur de Thorame, il est neveu de Boniface de Glandèves; il dirige une lettre au trésorier de Provence au sujet des cavalcades à fournir par lui, son père et son oncle. Celui-ci en effet demandait aussi un délai en sa faveur et en celle de l'évêque de Glandèves et de tous les membres de sa famille et de celle de Beuil, jusqu'à ce qu'il eût reçu une réponse

---

(1) *Cart. de Lérins*, p. 196 et suiv.
(2) GIOFFREDO, *St. A. M.*, vol. II, p. 324.
(3) Dans un acte d'arbitrage de 1213 entre l'évêque de Glandèves et le prieur de la Penne, par l'évêque de Senez et l'abbé de St. Dalmas du Bourg, les deux *fideiussores* sont *Anselmus de Glans* e *Bertrandus de Alosio*. On a vu plus haut que Alos était fief d'Aldebert de Thorame.
(4) Fait à Aix à la présence de *G. Olivarii et J. Chaissii admirallorum Nicie*. Arch. Mars. et Turin.
(5) PAPON, *Hist. de Prov.*, p. 52. Carlone dans son étude sur le troubadour Raymond Féraud (*Annales de la Société des lettres de Nice*, vol. II, pag. 33) le dit ecclésiastique, mais sans le prouver.

de son frère Elzear et de Guillaume son neveu, qui s'étaient rendus auprès du roi à ce sujet (1).

Ces documents donnent lieu à plusieurs inductions. D'abord le fait de trouver chez les Glandèves-Thorame le nom de Guillaume Féraud ferait supposer qu'ils dérivent de Guillaume Féraud de Thorame qui s'est fait moine en 1218, puisque le nom de Féraud est devenu presque patronymique dans la famille. En second lieu on voit que les seigneurs de Glandèves-Thorame, à propos des cavalcades, paraissent avoir les mêmes intérêts que ceux de Beuil; ce qui ferait croire à l'unité d'origine de ces deux familles.

Maintenant si on rapproche de nouveau à la donation des dîmes à l'évêque de Nice, faite par Rostaing seigneur de Castellane, Thorame, Aspremont, Venanson, Rimplas, Isola, Rorà, Val de Blore, etc., d'autres documents plus modernes, on trouvera que les fiefs de Rorà, Isola, Rimplas, Venanson sont possédés en 1291 par Beatrice fille de Jacques Gantelmi et veuve de Raymond de Beuil. Ses filles Delphine (morte en 1285) mariée à Romée de Villeneuve et Beatrice mariée à Boniface de Glandèves vers 1282, ont dû soutenir un procès contre leur oncle Guillaume Rostaing de Beuil (marié dès 1268 avec Béatrice Feraud de Glandèves), dont la fille Astrugue porta la seigneurie de Beuil dans la maison des Grimaldi.

Les sujets des contestations étaient les fiefs ci-dessus, parmi lesquels Rimplas est commun aux deux familles. Ils les obtinrent, ainsi que Maria, Thierry, Rigaud, Pierlas, Roubion.

Pareillement en 1290 Guillaume Rostaing seigneur de Beuil est seigneur de Rorà, Illonsa et Roubion (2).

Rorà est commun aux deux familles de Glandèves et de Beuil.

Illonsa l'est aussi; en 1332 les habitants de ce lieu firent hommage à Isnard de Glandèves qualifié d'*Isnardo de Glanesii, dominus de Iloncia, de Coreis, de baronie de Glanesis*.

Nous avons vu en 1067 Rostaing, seigneur de l'Isola, S.t-Etienne, S.t-Dalmas le sauvage; plus tard une des branches de la famille porte le titre de seigneur de Faucon, et en 1315 Pierre de Falcono est qualifié de *domicello S. Stephani* (3). En 1325 Pierre de Falcono, fils de Rostaing, et sa femme Raybaude, fille de Bérenger Ambrosii notaire de Nice, vendent aux Grimaldi leurs biens et juridictions féodales (4) à l'Isola et à Saint Etienne. En 1338 *nobilis domicellus Petrus de Falcono dominus in parte castri Sancti Stephani Thenearum et Sancti Dalmacii Silvestri* fait son testament. Il veut être enseveli dans le cimetière de Saint Etienne, *videlicet in sepulchro sito ante capella seu altari sancti Michaelis in quo iacet mater sua Johanna et uxor sua Beatrix* (5).

En 1385 Louis de Glandèves est seigneur de Faucon (6).

---

(1) *Arch. de Marseille*, 1099.
(2) *Arch. de Turin, et de Marseille*.
(3) *Arch. Capit. de Nice*.
(4) *Arch. de Turin*.
(5) *Arch. Capit. de Nice*.
(6) *Arch. de Marseille*.

En 1400 *Isnardus de Glanesis alias de Falcono nobilis et magnificus vir*, beau-frère de Raymond d'Agout seigneur de Mison, meurt à Nice (1). En 1448 Hélion de Glandèves, de Faucon reçoit l'investiture de Lieucia, Rimplas, Scros, Roquesteron, Pierrefeu. En 1457 il vend ses fiefs à Pierre Grimaldi (2).

La dernière preuve que nous donnerons pour établir la descendance des seigneurs de Thorame-Glandèves, de Rostaing Rainard, est le double fait suivant.

En 1256 et 1298 Raymond Rostaing fils de Guillaume Pierre, son propre fils Audebert de Galbert et ses frères Pierre Balb prévôt de Glandèves, Paris et Manuel, sont coseigneurs de Saint Dalmas, Pedastas, Rimplas, Saint Sauveur et Clans: il est prouvé par un autre document que le même seigneur Raymond Rostaing et sa femme Aicarde possèdent la troisième partie d'Aspremont, qu'ils vendent à Raymond Chabaud (3).

On le voit, après deux siècles Saint Dalmas et Aspremont appartiennent encore à la même famille.

IX.

Les vicomtes de Nice.

Nous avons étudié jusqu'ici les familles qui étendirent leurs ramifications dans les Alpes Maritimes après avoir eu leur origine et leur premier développement dans les comtés qui s'approchent de celui de Nice dans sa partie septentrionale. Il est très particulier que ces familles s'étendirent toujours en marchant vers l'orient, vers Nice; ainsi la famille de Fos du delta du Rhône, s'avança à Hyères, à Flayos, à Arluc, à Nice. La famille de Castellane-Thorame s'avança d'Apt sur toute la ligne du Verdon, de Colmars à Barrême, puis du comté de Glandèves à celui de Tinée, qu'elle posseda en entier. Nous allons maintenant étudier les famille qui d'Orange, de Sisteron, de Vence s'étendirent vers le comté de Nice, où après y avoir eu la juridiction vicomtale et y avoir joui d'importantes possessions allodiales et de droits féodaux, elles déchûrent tout à coup de la grande position qu'elles occupaient, débordées par la naissance et le développement d'une nouvelle autorité, la liberté communale.

La plus grande figure que nous trouvons à Nice à l'aurore du XI siècle est sans contredit Odila. Sa famille aura dû la haute position qu'elle y occupait à de nobles actions de valeur dans la lutte contre les Sarrasins, car les premiers documents qui la regardent nous apprennent qu'elle avait été bénéficiée par le comte Guillaume de Provence.

C'est de son double mariage que descendent deux branches de seigneurs auxquels Gioffredo a donné bien erronément le titre de comtes de Nice: erreur qu'ont

---

(1) Giof., *St. A. M.*, vol. IV, p.
(2) *Arch. de Turin.*
(3) *Arch. de Turin et Marseille.*

suivi jusqu'à ces jours les écrivains provençaux et étrangers. Notre grand historien commence en effet par donner ce titre au père de Odila qu'il nomme Miron, *Mairone*, et qui aurait vécu en 980 (1); il le donne ensuite spécialement aux enfants de Laugier second mari de Odila.

Les comtes de Nice n'ont existé qu'à l'avènement de la maison de Savoie, car les prédécesseurs de ces princes n'ont porté d'autre titre que celui de comtes de Provence et de Forcalquier.

Nice était un comté dans le sens de diocèse. À l'époque où existaient les deux sièges épiscopaux de Cimiez et de Nice, on trouve aussi les expressions de *comitatus Cimelensis* et de *comitatus Nicensis*; plusieurs siècles même après la concentration de la juridiction épiscopale à Nice on trouve encore la formule *comitatus Cimelensis sive Niciensis* (2). La juridiction civile à Nice a dut y être exercée par les vicomtes, représentants de l'autorité des comtes de Provence. Comme l'a très bien dit le savant historien Génois Desimoni (3), la présence d'un vicomte dans un comté implique le fait que ce comté faisait partie d'un corps administratif et politique plus étendu, dont le chef suprême était comte de chaque comté qui en dépendait et qui se faisait représenter dans chaque subdivision par un vicomte. C'est ainsi que nous trouverons les vicomtes d'Avignon, de Sisteron, de Gap; si nous ne rencontrons pas à Nice la formule explicite de *vicecomes Nicensis*, nous voyons cependant que ses plus grands seigneurs, y possédant des droits féodaux, des priviléges, des vastes domaines allodiaux et sont qualifiés de *rectores*, de *viccomites*, de *potestates*.

Le comté de Nice, proprement dit, comprenait le territoire ayant à l'ouest les comtés d'Antibes, de Vence, de Tinée; au nord les Alpes; à l'est le comté de Vintimille; il s'étendait sur la rive gauche du Var, puis passait à la rive gauche de la Tinée, et s'enfonçait dans les deux vallées de la Vésubie et du Paillon. Tous les comtés grands et petits, qui sont du côté de la Provence autour de celui de Nice, ont le siège épiscopal: exception faite du comté de Tinée. Nous avons au nord la même exception, car les anciens comtés d'Auriate et de Bredulo n'étaient pas juridictions épiscopales et avaient été établis là comme barrière du royaume d'Italie.

L'ancien comté-évêché de Cimiez se confondait avec celui de Nice. Le Barralis rapporte dans la vie de Saint-Siacre (4), tirée d'une vieille chronique de Saint-Pons, que Charlemagne aurait donné à cette abbaye le *Comitatum Cimelense*. Les premiers vicomtes de Nice doivent s'être emparés des possessions de l'ancien monastère après la défaite des Sarrasins; c'est pour cela que dans le commencement du XI siècle nous voyons ses seigneurs, sous forme de donation, restituer peu à peu les biens usurpés et rendre de nouveau très puissants les bénédictins de Saint-Pons.

---

(1) Gioffredo, *St. A. M.*, p. 588 et table généalogique.
(2) *Cart. de S Victor*, 773.
(3) Cornelio Desimoni, *Sulle marche dell'Alta Italia*, p. 83.
(4) Vincent Barralis, *Chronologia sanctorum sacrae insulae Lirinensis*, p. 133.

X.

Miron et Odila.

La donation de 999 est la charte *princeps* des Alpes Maritimes, et c'est la seule où il soit question de Nice au x siècle (1).

Miron et Odila ainsi que leurs enfants paraissent pour la première fois. Miron doit avoir vecu jusqu'en 1002, car une charte de cette année le nomme encore, sans que son nom soit précédé de *quondam*, comme celui du comte Guillaume de Provence nommé avec lui (2). Miron disparaît; sa femme au contraire a fait de grandes largesses aux églises, aux monastères; et son nom, s'illuminant du grand éclat de ses enfants, devient la plus imposante individualité des Alpes Maritimes.

Qui était-elle?

Bouche, dans son histoire de Provence, a donné comme père de Odila Guillaume, le grand marquis de Provence, en s'appuyant aux paroles de trois chartes du *Nicea Civitas*, qui disent que certaines possessions sont parvenues à Odila *ex marchione Guillelmo et Attalis comitissa*. Gioffredo, lui, n'est pas de cet avis; ces expressions n'indiqueraient nullement la paternité; celle-ci serait déterminée par la charte de donation d'une terre, *prope civitate Cimela*, faite à Saint-Pons par Odila et ses trois fils, Pons, Bermond, Miron, pour le repos des âmes de *Willelmo magnifico comite et Mironi genitori nostro et Lodegerio rectore nostro*. Malgré le jugement presque toujours si sûr de notre historien, on remarquera que les paroles *genitori nostro*, strictement interprétées, se rapportent plutôt aux enfants de Odila, qu'à celle-ci. Par conséquent le nom du père de Odila est encore à trouver.

Une semblable difficulté se rencontre pour les familles de Miron et de Laugier, ses deux maris. En examinant avec attention les documents qui regardent Odila et ceux qui on trait aux enfants de son double mariage, on s'aperçoit que c'est bien par elle que dérivèrent les principaux droits et les nombreuses possessions dont ses descendants jouirent dans le comté de Nice; car les enfants des deux lits paraissent avoir part égale à ces droits; on s'aperçoit pareillement que les premiers ont les possessions de Sisteron et les seconds ont seuls la seigneurie du comté de Vence, qu'ils partagent avec une autre branche de la famille, dont sont les deux frères Lambert et Amic: finalement on s'aperçoit qu'après Odila la juridiction administrative et territoriale se dessine mieux et qu'on la trouve à Sisteron au pouvoir des fils de Miron, qui n'au-

---

(1) Le savant historien piémontais Jacopo Durandi à la fin du siècle dernier a publié, dans son superbe ouvrage *Il Piemonte Cispadano antico*, p. 48, deux fragments de chartes, regardant l'ancien comté de Nice, ayant les dates de 811 et 981. Un fameux falsificateur de son temps, le Meyranesio, l'avait indignement trompé. V. à ce propos le mémoire du chev. C. PROMIS, *Atti della R. Accad. delle Scienze di Torino*, t. III, p. 43.

(2) *Cart. eccl. cath. Nicensis*, 18.

raient conservé à Nice que les possessions allodiales, tandis que l'autorité vicomtale et les droits féodaux de Nice paraissent le partage exclusif des fils de Laugier, dont les descendants en disposent jusqu'à l'avènement du régime communal.

La donation contenue dans la première charte que nous avons indiquée, a pour objet le quart de la Roche de Saint André (1), fraction de Tourrette. L'acte est fait au château de Lurs (2), à la présence de Frodon évêque. Les trois fils du donateur y assistent; ce sont Pons, Bernard, Miron. Le premier deviendra évêque de Nice, Miron sera vicomte de Sisteron, Bernard ou Bermond (3) restera inconnu.

XI.

Laugier et Odila.

Cinq ans après cette donation, en 1004 d'après Gioffredo, Miron mari de Odila étant mort, celle-ci, seule avec ses trois enfants, fait donation à Saint-Pons de biens à Cimiez (4). On voit dès lors paraître Laugier, qui est qualifié de *rector*. Gioffredo a traduit cette expression par *tuteur*, mais dans aucun document de cette époque la parole *rector* n'a eu cette signification: elle est au contraire employée dans le sens de gouverneur de Province ou de comté, de vicomte, de recteur administratif. On la trouve en 726 avec la signification de gouverneur, dans l'acte de fondation de l'abbaye de Novalèse en val de Suse par le patrice Abbon; celui-ci en parlant des villes de Saint-Jean de Maurienne et de Suse dit: *in quibus nos dicitur esse rectorem* (5). Dans les lois saliques elle avait la même valeur (6). A Montpellier le recteur gouvernait les vassaux du roi et défendait leurs privilèges (7). Un autre exemple s'en trouve dans le cartulaire de Marseille, où il indique en 1218 les consuls de la ville (8). Au commencement du XI siècle, il ne pouvait s'agir d'autorité consulaire, c'était donc l'autorité comtale que Laugier représentait ici. Notre idée est confirmée par d'autres documents qui prouvent que les enfants de Laugier eurent l'autorité vicomtale: Raimbald porte la qualification *de Nicia*, Rostaing celle de *vicecomes*, le

---

(1) « Hoc est quarta pars de villa quae nominant Rocha. Et est ipsa villa in comitatu Nicensi « subtus castro antiquo qui dicitur Revello » (JOFR., *Nicea civitas*, p. 158).

(2) Dépendance de l'évêque de Sisteron depuis la donation faite en 967 par l'empereur Conrad. (*Gallia C.*, I, p. 89). — GIOFFREDO dans le *Nicea Civitas* avait écrit Iuris au lieu de Luris.

(3) GIOFFREDO a écrit *Bernard* dans le *Nicea Civitas* et *Bermond* dans son second ouvrage; il le qualifie de prêtre dans sa table généalogique, ce qui ne doit pas être, car dans ce même acte figure aussi un Bermond prêtre.

(4) JOFR., *Nicea Civitas*, p. 159. *Storia A. M.*, vol. I, p. 588.

(5) *Mon. Hist. Patr., Chartarium*, I, coll. 16.

(6) « Rector in prologo pactus legis Salicae idem qui dux, comesve, sive provinciae rector, aut « iudex » (DUCANGE, *Gloss.*).

(7) « Rector, apud Montem pesulanum..... qui burgensibus regiis gubernandis, eorumque privi- « legia conservandis a rege praepositus erat » (DUCANGE, *Gloss.*).

(8) *Cart. de S. Victor*, 910.

fils de ce dernier Laugier Rostaing possède les droits *de castellania* sur la ville; les petit-fils de Raimbald portent le titre de *potestates*.

La seconde mention qu'on a de Laugier se trouve dans une charte de notre cartulaire (1). Elle porte la date du 30 novembre 1011. Laugier, sa femme Odila, Pons évêque et Miron donnent à l'évêque de Nice le quart de la dîme du pain et du vin, pour le repos de l'âme de Miron *qui fuit quondam*. Laugier doit intervenir ici, non seulement pour l'autorisation maritale, mais comme ayant des droits personnels (2). En 1028 Laugier et sa femme Odila donnent à S. Pons *Revest qui nominatur Madalberti* (3), ainsi que le *Revest de Jona*; Pons évêque signe et approuve; Miron signe.

Au mois de février de l'année 1032 Laugier et Odila, leur fils Raimbald, l'évêque Pierre et le jeune Rostaing donnent au monastère de S. Veran une terre située à Cagnes, comté de Vence, très vaste, *sicut terminata est ad exemplum visus hominis*. Prennent aussi part à la donation Accelena, femme de Raimbald, et ses enfants Laugier, qui prendra plus tard le surnom de *Rufus*, Rostaing et Raimbald (4).

Laugier et Odila doivent être morts en cette même année, car ce n'est plus eux, mais Raimbald, qui prend part à un acte important, la cession du monastère de S. Veran à l'abbaye de Lérins (5).

XII.

Pons évêque.

Nous avons vu que Pons était déjà qualifié d'évêque en 1011. Au mois de mars de l'an 1018 il donne à l'église de Nice la terre de *Fonte Calida* (6), région de Nice qui porte encore ce nom, près de S. Barthélemi. Il mentionne dans cet acte son père Miron, sa mère Odila, son frère Miron et un autre frère du nom de Guillaume. *Dominus Laugerius* signe avant Odila. De nouveau en 1030, le premier juin, Pons donne à l'abbaye de Saint-Pons le village de Châteauneuf, avec les hameaux de Bendéjun et de Sassaframarico (7).

Gioffredo corrige dans l'histoire des Alpes Maritimes (8) l'erreur faite dans le *Nicea Civitas* de supposer deux évêques du nom de Pons, erreur suggérée par un document, cité par Bouche, de Bertrand comte de Forcalquier, où paraît Geoffroi évêque de Nice

---

(1) *Cart. eccl. cath. Nicensis*, 8.

(2) GIOFFREDO n'avait fait qu'indiquer cette charte et il se trompait pour la date, en la fixant au 21 novembre 1018. Vol. I, p. 603.

(3) GIOFFREDO, *Storia A. M.*, I, p. 611. Ce serait d'après lui le château de St. Blaise, entre Aspremont et le Var.

(4) *Cart. de Lérins*, p. 136.

(5) Id., p. 143.

(6) *Cart. eccl. cath. Nicensis*, 11. GIOFFREDO donne erronément le 1025 comme date de cet acte. — *Nic. Civ.*, p. 159. — *Storia A. M.*, p. 605.

(7) GIOFFR., *Storia A. M.*, p. 615.

(8) Id., p. 612.

en 1027 (1). Dans son second ouvrage il tourne la difficulté en supposant que Pons s'appelait aussi Geoffroi. La solution de la question était fort simple. La charte de Bouche est fausse. En 1032 Pons était mort, nous trouvons sur le siége épiscopal de notre ville André.

XIII.

Miron vicomte.

Le premier document où Miron comparait sans sa mère est de 1042; avec sa femme Leotgarde il donne à l'abbaye de Saint-Victor un manse situé *in villa Trigantio, comitatu Vinciensi* (2). Ces biens, se trouvant dans le comté de Vence, étaient sans doute un apport dotal de sa femme.

Miron porte le titre de vicomte, vers 1057, dans une charte qui contient l'acte de restauration de l'église de Saint-Promas de Forcalquier, comté de Sisteron, faite en l'année 1044 par Bertrand comte et marquis de Provence (3). À cette donation, par laquelle débute la charte, suit la confirmation donnée, *multis post dictam donationem expletis annis*, par Gerald évêque de Sisteron, ainsi vers 1057 (4); c'est à cette approbation, *in concilio apud Barbaras* (5), que se trouvent signés: *Berengarius vicecomes, Miro vicecomes, Raiambaldus de Nica, Rostagnus vicecomes, Wantelmus de Oppeda, Rostagnus Sigistericensis, Isnardus de Nuazelas et Guillelmus frater eius, Cotaronus de Forcalcherio, Rodulphus Cotaronus, Aicardus de Sadula.* On voit aussi dans ce document les trois frères signer dans le même ordre d'âge, ainsi il n'y a point de doute sur l'identité de Miron. Un troisième alinéa de la charte contient encore l'approbation de Guillaume et Geoffroi fils de Bertrand, comte de Provence, puis celle de Bérenger fils du vicomte Bérenger, *qui donavit et firmavit*. En 1057, le 27 avril, *Miro vicecomes Sistericensis frater Raimbaldi*, donne à S. Victor l'église de S. Martin sise au territoire de Contes, *Contenes in comitatu Cimelensi sive Nicensi;* signent *Raimbaldus frater Mironis, Poncius de Lucerammo, Dilecta uxor eius, Rainaldus, Petrus, Poncius, Guillelmus, Raimundus, Aldebertus filiique eorum firmaverunt. Guido firmat, Adalais uxor eius firmavit. Miro, Guillelmus, Gauzfredus, Petrus Autrigus firmaverunt... Isnardus de Niozclas firmat* (6). Nous trouvons son nom en 1062 dans la donation du monastère de S. Véran faite par Raim-

---

(1) Iofredi, *Nic. Civitas*, p. 160. Ce document se trouve dans l'histoire des A. M. du P. Fournier.
(2) *Cart. de S. Victor*, 800. Trigance se composait de trois hameaux de St. Jeannet, *Castrum de Balma S. Johannis*, de la Gaude, et d'un château maintenant ruiné qui porte le nom de Trigance V. *Dict. géogr. du Cart. de Lérins.*
(3) « Locum in comitatu Sisterico situm territorio castelli quod nominatur Forcalcherium in honore Sancti Promasii consacratum » (*Cart. S. Victor*, n. 659).
(4) Gerard a été élevé au siége de Sisteron par le pape Nicolas au Conseil d'Avignon en 1055. Cfr. *Cart. de S. Victor*, n. 680.
(5) *Barbara*, en face de Courthezon.
(6) *Cart. de S. Victor*, 793.

bald et ses fils, pour la part qui le regarde; après leur signature se trouve celle de Miron; *Milo frater ejus firmavit* (1). Il ne porte pas ici la qualification de vicomte.

Finalement en 1067, époque où Miron devait être très vieux, il signe avec son frère Rostaing à la donation des dîmes de Val de Bloure et des autres villages de la Tinée par Rostaing fils de Rainard (2).

Depuis cette époque il ne se retrouve plus à Nice, où on n'a pas de trace de sa descendence, mais il y aurait toute raison de supposer qu'après avoir exercé l'autorité vicomtale à Sisteron, où il devait aussi posséder de grands biens allodiaux, il ait cédé le pouvoir à ses enfants qui auraient fini par s'emparer de toute l'autorité comtale et féodale au détriment de l'évêque.

En effet, vers 1075, on trouve à Sisteron, Pierre, Pons, Rostaing, *fratres et domini Sistarici*, lesquels après avoir abusé de leur pouvoir contre l'évêque, lui en firent amende honorable: *recognoscentes mala et facinora quae fecimus contra Deum et sanctam ecclesiam matrem nostram sedem Sistaricensem..... et contra episcopum et canonicos...... recepimus terram nostram et honorem quem habemus vel habere debemus in Sistarico per manu Gerardi episcopi et ecclesiae, et iuramus illi vitam et membra sua in castellum quod habemus in Sextiron. Item autem episcopus reddidit eis vicem de sacramento quod non tollat eis castellum, neque homo, neque femina, per suum consilium vel per suum consentimentum* (3).

Le premier de ces seigneurs de Sisteron (si le document est sûr) peut s'identifier avec le *Petrus Milo* qui signe, vers 1040, une donation à S. Victor avec *Pontius Milo* (4). Son nom est précisément précédé par celui d'un personnage qui porte le nom de *Rostagnus de Sisterone*, qui serait le troisième frère (5). Ce dernier en 1030 signe *Rostagnus de Sestaro* dans les mêmes actes avec *Rostagnus* fils de Laugier, qui serait dès lors son cousin germain (6); en 1036 il signe *Rostagnus de Sistaro* au *Fraxinet* avec les vicomtes de Marseille (7); puis vers 1050 une dernière fois (8).

XIV.

Les fils de Laugier et les autres seigneurs de Vence.

Les fils de Laugier, qui furent *Raimbald*, l'*évêque Pierre* et *Rostaing* possédèrent le comté de Vence, avec deux autres frères *Lambert* et *Amic*, que nous voyons nommés dans des actes ayant la date fixe de 1012 et 1016 (9). Les droits qu'ils

---

(1) *Cart. de Lérins*, 142 et 347.
(2) *Cart. eccl. cath. Nicensis*, 9.
(3) *Ex libro viridi.* (*Gallia C.*, vol. I, p. 89).
(4) *Cart. de S. Victor*, 411.
(5) Id., 413.
(6) Id., 455, 659.
(7) Id., 592.
(8) Id., 675.
(9) *Cart. de Lérins*, p. 146 et 151.

paraissent posséder en commun, soit à Vence, soit dans les principales terres du comté, prouvent que c'était deux branches d'une même famille. Les chartes qui les regardent et qu'on trouve au cartulaire de Lérins commencent par une notice écrite par le moine Guillaume Truand, sur l'ordre de l'abbé du monastère. D'après la narration qui s'y trouve, ce serait en 1044 que Durand, abbé de S. Eusèbe d'Apt, ayant été appelé au siège épiscopal de Vence, amena avec lui un de ses moines du nom de Pons. Ils trouvèrent sur les bords du Loup l'église de Notre-Dame de la Dorée, ancien monastère édifié et doté par Charlemagne, réduit en ruine et abandonné, ainsi que l'oratoire de S. Véran, auquel ils n'arrivèrent qu'en se frayant un passage au milieu de la forêt. Ils rétablirent cet ancien monastère et le mirent sous l'égide des seigneurs de la région, *Raimbald* et *Lambert* (1). Cette notice composée en 1055, si elle n'est pas apocryphe, doit contenir des erreurs de date dues au copiste.

Etienne évêque d'Apt dont on parle, n'a siégé qu'après l'année 1010 (2); l'abbé Durand n'a été élu au siège de Vence que vers 1034 (3). Il faut donc fixer à cette dernière époque le rétablissement du monastère de Saint Véran, ce qui concorderait pleinement avec les données des autres chartes de Lérins. Cependant on serait tenté d'admettre la date du 1005, par la raison qu'un autre document parle vers 990 d'un *Amic* seigneur de Palaison. Les deux éditions du cartulaire fixent cette date, parce que c'est alors que *Garnerius* mentionné dans l'acte (4) aurait été, selon Barralis, abbé de Lérins. C'est ce point que nous serions très disposés à mettre en doute ; en effet il est question de ce même abbé Garnier à propos de la monacation d'un Guillaume (5) d'Antibes qui donne à Lérins des biens à Arluc et à Mougins (6); aussi ici les deux éditeurs établissent la date de 990, à cause de cet abbé de Lérins, mais comme on trouve parmi les signataires de cet acte Pierre fils de Guillaume d'Antibes et Aldebert évêque de cette ville, il ne s'agit pas du dixième siècle, mais d'une époque postérieure à l'année 1022, où siégeait Bernard prédécesseur d'Aldebert. L'abbé Garnier aurait donc été abbé de Lérins après Amalric, soit de 1040 à 1046 ; c'est à tort que la note des abbés de Lérins rédigée par les éditeurs du cartulaire fait siéger Amalric jusqu'en 1046, la dernière charte qui le regarde est de l'année 1040. Le Guillaume qui déposa le *cingulum militiae sub abbate Garnerio*, est le *Guillelmus miles inclitus*, qui en 1040 signe à une donation d'Aldebert évêque d'Antibes (7). C'est donc aussi à cette époque qu'il faut mettre Amic seigneur de Palaison, qui est évidemment le frère de Lambert.

Les événements qu'on raconte dans la première charte du rétablissement de

---

(1) « Principes illius regionis... proceres terrae...(*Cart. de Lérins*, p. 134.

(2) *Gallia C.*, vol. I, p. 378 et vol. III, p. 1217 — Jules TERRY, *Les évêques d'Apt*, p. 27, cite un travail spécial sur Etienne par Collin de Plancy et l'abbé Daras. *Grande vie des Saints*, tome XXI.

(3) L'édition du *Cartulaire de Lérins* par Flamare tâche d'arranger la difficulté en corrigeant la date de la charte: *millesimo quinto*; mais, on le voit, la correction n'est pas suffisante et outre que l'indication ne correspond pas, on rencontrerait encore d'autres difficultés.

(4) *Cart. de Lérins*, p. 15.

(5) D'après une annotation maginale faite au cartulaire au XVII siècle il s'agirait de Guillaume Gruéta, seigneur d'Antibes, fils de Rodoard: *hic est Guillelmus Grueta, filius Rodoardi comitis Antipolitani*. Cette appréciation manuscrite serait donc aussi inexacte.

(6) *Cart. de Lérins*, p. 71.

(7) *Cart. de. S. Victor*, 801.

S. Véran ce seraient passés vers 1030-1034: on peut même prendre la date de 1030 qui est régie par les paroles, *hoc actum est*; c'est dans ce temps là que les principaux seigneurs du comté de Vence portaient les noms de Raimbald et de Lambert. Cette digression était nécessaire, car Raimbald un des seigneurs de la contrée, peut ainsi sans difficulté s'identifier avec Raimbald de Nice, fils de Laugier et de Odila. Ceux-ci en 1032 avec tous leurs enfants avaient donné à S. Véran de grands biens qu'elle possédait dans le comté de Vence, sur les bords du Loup (1). Dans une donation faite par Lambert en 1033 les biens qu'il donne, touchent ceux de Raimbald, *filius Hodilae* (2). C'est par le conseil de Raimbald, de Lambert et d'Amic qu'en 1050 Pons abbé de S. Véran réunit son monastère à celui de Lérins (3).

De même en 1062 Raimbald confirma à S. Véran les précédentes donations, et il exigea que ses enfants Laugier, Raimbald et Bertrand en fissent autant. *Miron* son frère a signé (4).

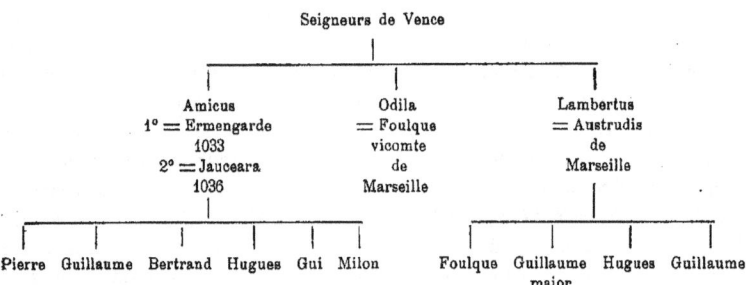

Une autre donation du 1032 regarde ces mêmes seigneurs et cette même église. Elle est faite par Lambert et sa femme Austrudis, Amic et sa femme Hermengarde, Raimbald et sa femme Gisla soit Accelena; l'acte se passe à Vence et il est contresigné de la manière suivante: *Lambertus, Amicus, germani fratres, Raimbaldus et Rostagnus simul fratres et uxores illorum, domnus Petrus episcopus Sistaricensis voluit et consensit et firmavit:* suit la signature de l'évêque d'Antibes, puis celle d'Accelena femme de Raimbald et de ses enfants Laugier, Rostaing, Raimbald, Odila; parmi les témoins Aicard de Saignon et Alphante, vassaux de l'église d'Apt (5). Un autre point de contact entre les deux familles se retrouve dans la sanction que donnent Amic et Rostaing, qualifiés de *seniores*, à la donation de leurs vassaux Etienne, Guillaume, Enguerrand, qui cèdent à S. Victor l'église de S. Marie à Gréolières, une autre église au Mas avec la juridiction, *potestatem*, puis l'église de S. Pierre

---

(1) *Cart. de Lérins*, p. 136.
(2) *Cart. de Lérins*, p. 143. Les deux fils de Lambert sont Foulque et Guillaume; deux autres sont encore nommés à propos de St. Véran après la mort de leurs parents: ce sont Guillaume et Hugues v. p. 154. Deux de leurs enfants portaient le même prénom de Guillaume.
(3) Id., p. 135.
(4) « Milo fratres eius firmavit » (*Cart. de Lérins*. p. 141 et 347).
(5) *Cart. de Lérins*, p. 146.

dans la vallée de Touranne près de Gréolières (1). Nous verrons plus tard les descendants de Rostaing, frère de Raimbald, portant le titre de Gréolières.

Raimbald et Amic possèdent encore la coseigneurie de la Salette de Saraman sur les bords du Var; ce dernier avec sa seconde femme Hiauceara (2) en donne le quart à S. Victor en 1041 (3). Outre les biens que les deux familles de Nice et de Vence possèdent en commun, celle-ci a encore part avec d'autres familles au fief de Palaison (4); en 1028 c'est Amic, sa femme Hermengarde et leurs enfants Pierre et Guillaume (5); de 1033 à 1042 c'est Lambert et sa femme Austrudis (6). Pareillement en 1037 Lambert et Amic possèdent à Gattières sur les bords du Var (7).

Lambert possède pour son propre compte d'importantes seigneuries qu'il a eu par sa femme, qui, nous le verrons, était fille de Guillaume vicomte de Marseille.

Nous devons maintenant faire remarquer une singulière coïncidence de noms qui s'observe à cette époque: ce sont ceux de Lambert et d'Austrudis qui sont portés dans deux familles différentes, celle de Vence et celle de Cucurron. Les documents qui parlent de cette seconde famille remontent à l'année 1017, où nous trouvons Lambert et sa femme Austrus qui donnent à S. Victor un manse dans le territoire de Cucurron (8). Deux années après Lambert ne vivait plus, puisqu'en 1019 ce sont, le fils *Guillemus de Cucurrone* et sa femme *Prodecta*, qui prennent part à la donation faite par Pons archevêque d'Aix des églises situées à Tourves et à la Gayole (9). Ce Lambert avait eu la haute dignité de juge, d'après la qualification portée par son fils Guillaume de *filius quondam Lamberti iudicis*, dans une charte regardant Tourves (10). Guillaume n'était pas fils d'Austrudis, mais de Léogarde (11). Il possédait dans les environs de Brignolle des domaines en commun avec les familles de Baux et de Rians (12); il est seigneur de la $\frac{1}{2}$ de Gayole (13), dont les comtes de Provence Bertrand et Geoffroi possèdent le $\frac{1}{4}$ (14). Austrudis a deux fils: 1° *Gérin*, soit *Gelenus Adaltrudis quondam filius*, lequel donne des manses à Cadenet et à Tourves; *Willelmus frater ejus firmavit, Prodecta firmavit* (15): 2° *Dominus Leufredus et dominus Gelenus frater eius* (16).

Cette famille de Cucurron qui a pour tige Lambert, se dessine assez nettement

---

(1) *Cart. de S. Victor*, 788.
(2) Le double mariage est prouvé par la donation faite en 1036 à St. Véran du manse de Uscla, Veneris par Amic et sa femme Janceara *pro redemptione anime uxoris mee Ermengarde*. (*Cart. de Lérins*, p. 148).
(3) *Cart. de S. V.*, 791. Le vicomte Bérenger d'Avignon possède l'autre quart qu'il a par sa femme sœur de Raimbald. Id. 790.
(4) Ancien château près de Roquebrune, canton de Fréjus.
(5) *Cart. de S. Victor*, 561.
(6) *Cart. de S. Victor*, 556, 558 et *Cart. de Lérins*, p. 15.
(7) Id., 789.
(8) Canton de Cadenet, arr. d'Apt. (*Cart. de S. Victor*, 313).
(9) *Cart de S. Victor*, 325.
(10) Id., 321.
(11) Id., 320, 321, 322, 323.
(12) Id., 368.
(13) Id., 354.
(14) Id., 354 et 333.
(15) Id., 323.
(16) Id., 312.

par les chartes que nous avons indiquées, mais le doute renait en examinant d'autres documents qui contiennent les noms de Lambert et d'Austrudis. Ainsi en 1004 on trouve Lambert qui est témoin à la donation de Guillaume I vicomte de Marseille pour des biens situés à *Campagnes* (1); parmi les signataires se trouvent deux filles du vicomte, *Austrus* (2) et Léogarde. A quelle des deux familles appartient ce témoin? On ne saurait trouver une réponse satisfaisante. Pareillement on sait que vers 993 la terre de *Cadière* a été usurpée sur l'abbaye par les vicomtes de Marseille (3); or nous trouvons en 1048 Lambert et Austrudis qui donnent le $\frac{1}{4}$ de cette terre en gage aux moines de S. Victor, les autres $\frac{3}{4}$ leur appartenaient pour la somme de 180 sous que l'abbé Isarn leur avait prêté (4). A quelle des deux familles doit-on attribuer ce seigneur de Cadière? Dans ce second cas la réponse n'est pas douteuse: c'est aux seigneurs de Vence, car Lambert de Cucurron ne parait plus dès 1019 et en 1038 on parle de lui comme déjà décédé.

Ce fait ainsi établi, on en deduit des corollaires très importants: 1° Austrudis femme de Lambert de Vence était de la famille vicomtale de Marseille, puisqu'elle possédait la quatrième partie du fief de Cadière; 2° Lambert de Vence était frère de Odila, mariée à Foulque vicomte de Marseille; il est question d'eux dans une belle charte des archives des Bouches-du-Rhône, par laquelle Foulque et Odila de Marseille confirment et donnent, *ad fidelem nostrum Lambertum fratrem nostrum*, les droits qu'ils possédaient à *Mazaugue*, à *Tourves* et à *Selans* (5); ce document ne porte pas de date, mais on peut le fixer vers 1040, par les noms des témoins, *Poncius de Garda et frater Esdras, Bermundus de Mirollo, Landebertus Adalbertus, Guillelmus vicecomes et uxor Stephana, Guillelmus Juvenis* (6). De la même manière une charte du cartulaire de S. Victor (7) énumère les villages donnés par Odila de Marseille et lui appartenant *iure hereditatis paterne:* $\frac{1}{4}$ de *Rougiers* (8), l'autre quart appartiendra, vie durant, à son mari, $\frac{1}{8}$ de *la Gayole* (9), le meilleur manse de *Félines* (10), $\frac{3}{8}$ de *Maussane* (11), deux manses à *Mazaugue* (12): est signé *Lambertus frater Odila* et, comme on voit, ces biens paternels comprennent des villages dépendant des biens héréditaires de la famille de Vence; quant à la date du document, contrairement à l'opinion des éditeurs du cartulaire qui la fixent à 1060, c'est à vingt ans en arrière qu'il faut la supposer, à cause de *Pontius de Garda* et *Esdras frater eius* (13). Nous ajouterons encore à propos de Lambert qu'il ne devait pas

---

(1) *Cart. de S. Victor*, 71.
(2) Id., 69. *Astrude filia sua*, a. 1001.
(3) Id., 77.
(4) Id., 78.
(5) Nous devons aussi la transcription de cette charte à l'obligeance de Mr. Louis Blancard archiviste des B. du Rhône. Document XIII.
(6) *Cart. de S. Victor*, 109, 368, 447, 623, 534, 1065.
(7) *Cart. de S. Victor*, 109. *Jure hereditatis paterne*.
(8) Arr. de Brignolle, canton de S. Maximin.
(9) Canton de Brignolles, com. de Tourves.
(10) Arr. d'Aix, canton de Peyrolles, com. de Puy S. Réparade.
(11) Arr. d'Arles, canton de St. Remi.
(12) Arr. de Brignolles, canton de la Roquebrussane.
(13) *Cart. de S. Victor*, 447, 109.

avoir la seule juridiction féodale sur Vence, mais la vicomtale: en 1038 il est nommé comme *Lambertus Vinciensis* dans un acte des comtes de Provence (1).

En finissant ce chapitre nous devons émettre deux ipothèses, la première qu'il serait possible que Austrudis de Marseille eut épousé successivement les deux seigneurs portant le même prénom de Lambert, Lambert de Vence ne se trouvant marié avec elle qu'en 1030 (2); ensuite que Lambert de Cucurron, qualifié de juge, pourrait bien être le frère de Boniface de Reillane, qui en 1012 restituait Pertuis à l'abbaye de Mont Majour, et par conséquent fils d'autre Lambert et de Galburge (3); celui-ci serait le *Lambertus iudex* nommé vers 965 dans une charte de S. Victor (4). Nous croyons cela, en voyant les seigneurs de Cucurron posseder ce village et celui de Cadenet au nord de la Durance non loin de Pertuis, et aussi en trouvant en 1062, dans un acte relatif aux monastères de S. Véran et de Lérins (5) la signature d'un *Gerenus de Reilana*, qui sera probablement le *Gelenus de Cucurron*, et celle d'*Isnardus de Relana*: l'objet de la donation, le donateur, les noms des témoins, sont un autre point de rapprochement entre les seigneurs de Vence, de Cucurron et de Reillane. Il nous semble qu'on puisse en déduire, comme assez probable, la communauté de race.

XV.

Raimbald de Nice.

Nous avons examiné dans le chapitre précédent Raimbald seigneur de Vence, nous allons maintenant parler de ses relations avec des régions plus éloignées.

En 1046 Raimbald réside à Courthezon, près d'Orange, avec sa femme Accelena et leurs enfants Laugier, Pierre, Rostaing, Raimbald; il donne à l'abbaye de S. Pons deux manses au Revest, *in villa quae Revestis dicitur*. Nous trouvons de nouveau parmi les témoins Aicard et Alphante et en sus le nom d'Arnulphe d'Èze et de Guillaume d'Orange (6).

Gioffredo suppose avec raison que ce Raimbald soit le fils de Odila, à cause que tout en se trouvant dans le comté d'Orange il fait largesse à l'abbaye de S. Pons de possessions dans le comté de Nice; nous remarquerons de notre côté, pour donner plus de poid à cette assertion, que les deux témoins Aicard et Alphante ont déjà signé

---

(1) *Cart. S. Victor*, 447.
(2) Id·, 599.
(3) *Gallia C.*, vol. I, p. 509.
(4) *Cart. de S. V.*, 29.
(5) *Cart. de Lérins*, p. 347. Les éditeurs ont fautivement écrit *Railana*. D'autres erreurs ce sont glissés dans cette charte, ainsi il faut lire *Raimbaldo ac Laugerio*, il faut ajouter *Aicardus firmavit*, séparer les deux noms *Raimundus* et *Guislabertus* par *firmavit*, réunir *Rolannus Truannus* qu'on a séparé par *firmavit*.
(6) GIOFFREDO, *Storia A. M.*, p. 635.

deux fois à Vence, d'abord pour un acte de Laugier, ensuite pour un acte de ses enfants ; ensuite nous observerons le nom d'Arnulphe d'Èze, celui de sa femme et des enfants, qui, à l'exeption de Pierre, sont les mêmes que dans les chartes de Vence.

Les enfants de son premier mariage sont Laugier qui aura le surnom de *Roux*, Pierre qui deviendra évêque de Saignon, Rostaing Raimbaldi et peut-être Raimbald.

Raimbald après 1046 devient veuf et se remarie avec Belieldis ; il donne avec son concours la moitié de Saraman son aleu, en ajoutant: *sed meam medietatem de ista medietate debeo deliberare de sororio meo, si possum; si vero non potuero, valentem illum dabo in alio loco;* il donne encore un manse à Cagnes avec le concours de son frère l'évêque, *Petrus episcopus frater eius firmavit*, et de Rostaing son autre frère, *Rostagnus frater eius firmat* (1). Le beau-frère dont il s'agit dans cette donation de Saraman est Bérenger, d'abord vicomte de Sisteron, puis, à ce qu'il paraît, d'Avignon ; il avait en effet épousé Gerberge et du chef de sa femme il possédait un quart de Saraman, d'après l'acte passé à Avignon en 1040, par lequel il donne cette partie du fief : *et obvenit nobis ex progenie parentum uxoris meae praescriptae* (2). On voit dans ce document la signature de leurs fils Bérenger et Rostaing. Ce dernier devient évêque d'Avignon, *Rostagnus episcopus filius Berengarii vicecomitis*, et vers 1075 il donne à Saint Victor une condamine, *apud Fornicalcarium castrum..... quam Miro quondam avunculus meus dederat, pro qua et equum et ensem precio LX solidorum acceperat a monachis prescripti martiris, quam iterum iniuste possessam, Berengarius frater meus reddidit pro salute animae suae. Ego vero metuens post mortem fratris mei Berengarii possidere dictam condaminam,* etc. Signent la comtesse de Provence, Gerberge mère de l'évêque et ses fils Guillaume, Raimond, Laugier, Rostaing ; Bérenger l'aîné, comme on le dit dans la charte, était déjà mort (3). Une charte du Gallia nous répète les noms de Bérenger, de sa femme Gerberge, de leurs enfants, Rostaing évêque d'Avignon, Bérenger et les autres frères, dans un acte passé en 1063 à Avignon. Sont témoin Rostaing, Guillaume, Laugier vicomtes, ainsi que Rostaing et Raimond fils du vicomte Guillaume (4). Tous ces vicomtes devaient avoir cette charge pour le comte de Provence et pour l'évêque d'Avignon et ils doivent avoir reussi à s'emparer des droits de l'église, car en 1101 nous trouvons Rostaing Bérenger, sa femme Hermengarde, leurs fils Bérenger évêque de Frejus, Geoffroi vicomte, Bertrand, Raimond et Pierre Bérenger (5) ; puis en 1116 Bérenger fils de Bérenger vicomte d'Avignon qui prête hommage à la comtesse Adélaïde veuve d'Ermengaud d'Urgel pour trois quarts des châteaux de Forcalquier et d'Avignon ; l'autre quart appartenant à Bertrand comte de Toulouse et du Venaissin fils de Raimond de S. Gilles (6). Ces différents vicomtes devaient représenter l'autorité comtale des différents comtes qui s'étaient partagé la suzeraineté de la Provence.

---

(1) *Cart. de S. Victor*, 799. L'annotation du cartulaire fixe la date de ce doc. vers 1040, mais il faut la transporter après 1046, car à cette dernière date sa femme était encore Accelena, d'après le document de Gioffredo que nous avons cité plus haut.
(2) *Cart. de S. V.*, 790.
(3) *Cart. de S. V.*, 664.
(4) *Gallia C.*, vol. I, p. 120
(5) *Gallia C.*, vol. I, p. 140.
(6) *Arch. de Marseille*, 277.

Nous retournerons maintenant à Raimbald, en disant que les documents que nous venons de citer prouvent que Gerberge vicomtesse de Sisteron était sœur de Miron et de Raimbald. Ce dernier effectuait plus tard la promesse qu'il avait faite de racheter le quart de Saraman possédé par son beau-frère ou d'en compenser le monastère, en donnant (après 1047) (1), avec sa troisième femme Adélaïde plusieurs possessions, *pro alia quarta parte supradictae villae, quam non potui deliberare;* ce sont un manse et une vigne à Cagnes, un autre manse à Nice cultivé par Pierre Colomb, un manse des meilleurs qu'il possède dans le comté de Sisteron à Consonave (2), finalement après sa mort le *castrum quod vocatur Lac in comitatu Nicensi*, avec toutes ses dépendances (3). Ce château, qui dans la rubrique de la charte est intitulé de *Laceto in comitatu Nicensi*, est celui dont il est fait mention dans notre cartulaire (4); il se trouvait à côté de la Turbie, près de la localité où a été édifié le sanctuaire de Laguet.

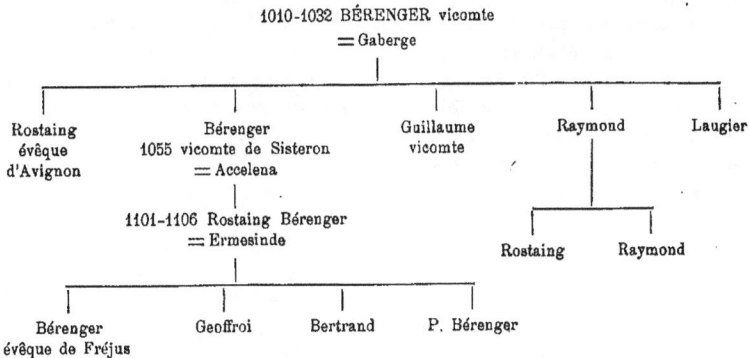

S'il est donc de toute évidence que Gerberge fille de Odila a épousé un vicomte de Sisteron de la famille de Bérenger, il est aussi très croyable, à cause du même fief de Saraman, dont en 1041 Amic possédait le quart avec sa femme Hiauceara, que celle-ci soit la sœur de Gerberge (5). C'est dans cette charte de 1041 que nous trouvons parmi les témoins un *Leodegarius de Nicia* qui doit être *Leodegarius Rufus*, fils aîné de Raimbald. De son deuxième mariage avec Belieldis Raimbald doit avoir eu deux enfants dont nous trouvons les noms dans la charte de donation, faite vers 1070 par Laugier, le fils aîné, de la moitié d'Albasagne et de Sainte-Marguerite à l'évêque de Nice (6): ce sont *Amicus frater* et *Willelmus frater*, qui se trouvent

---

(1) Le *Cart. de S. V.* dit en 1045, mais il s'agit d'une époque postérieure à 1045 à cause qu'Adélaïde est la troisième épouse.
(2) Mallefougasse.
(3) *Cart. de S. Victor*, 792.
(4) *Cart. eccl. cath. Nicensis*, 37, 38, 58, 100.
(5) *Cart. de S. Victor*, 791.
(6) *Cart. eccl. cath. Nicensis*, 5.

nommés après Rostaing et Pierre évêque, fils du premier lit. Raimbald, de son troisième mariage a eu un seul enfant, *Bertrand*, qui effectivement se trouve nommé en 1062, dans la confirmation faite par Raimbald de ses donations à Saint Véran (1); puis en 1073 dans la donation de Drap (2).

XVI.

Les comtes d'Orange. — Opinion des historiens.

Une grande importance historique s'attache à Raimbald de Nice, car nous allons essayer de démontrer qu'il est la tige directe de la famille d'Orange.

Gioffredo n'a qu'en partie cette opinion; il fait dériver les seigneurs d'Orange d'une fille de Raimbald et d'Accelena, qui se serait appelée Tiburge et aurait épousé un Guillaume comte d'Orange, descendant de Guillaume au Cornet premier comte d'Orange. Ce gendre de Raimbald serait le *Guillelmus Aurasiae*, témoin dans la donation faite en 1046 à Courthezon par Raimbald (3). Il ne cite aucun document où il s'agisse de cette Tiburge; c'est évidemment une confusion chronologique qu'il a commis, en mettant à la moitié du xie siècle Tiburge, fille de Raimbald le croisé de 1096, qui épousa un Guillaume de Montpellier, lequel devint ainsi seigneur d'Orange. Quant à Guillaume d'Orange, nous croyons qu'il s'agisse ici simplement d'un Guillaume habitant d'Orange, cette ville et Courthezon étant à côté l'une de l'autre.

Guillaume *au Cornet*, ou *au Court-nez*, a été considéré tantôt comme un héros légendaire, tantôt comme un vrai personnage historique, qu'on transportait de siècle en siècle. Un roman a été composé sur lui par Eshenbach vers 1217 (4). Pour plusieurs écrivains le Guillaume d'Orange des chroniqueurs et des trouvères du xiiie siècle n'est autre que Guillaume fils de Boson.

Ne serait-il pas plus simple de voir en lui Guillaume de Baux, seigneur d'Orange, ayant effectivement porté le surnom *Del Cornas*, guerrier et troubadour lui-même ?

Les historiens Provençaux établissent généralement la filiation de la manière suivante :

Raimbald I — Bertrand — Raimbald II.

On leur donne le nom d'Adhémar.

Quelques uns les font descendre du marquis Hugon ou du comte Rorgon au ixe siècle.

---

(1) *Cart. de Lérins*, p. 141, 347. La transcription des éditeurs du cartulaire est fautive; au lieu de *simulque et filiis suis ac Laugerio, Raimbaldo scilicet et Bertranno*, il faut lire *simulque et filiis suis, Raimbaldo ac Laugerio scilicet... et Bertranno.*
(2) *Cart. eccl. cath. Nic.*, 82.
(3) Gior., *St. A. M.*, vol. I, p. 635.
(4) *Revue archéologique*, 1852, p. 336.

Les Sainte-Marthe donnent pour père à Raimbald I un Géraud Adhémar, qu'ils qualifient de premier comte propriétaire d'Orange.

L'important ouvrage de Hubner, *Généalogie historique des rois, ducs et comtes de Bourgogne*, fait descendre les comtes d'Orange d'un Guillaume au Cornet duc de Toulouse au IX° siècle, qui aurait enlevé Orange à Thibaud chef des Sarrasins et fondé ensuite l'abbaye de Saint-Guillaume le désert : un Géraud Adhémar aurait été père de Raimbald I.

Le nom d'Adhémar, qui est généralement donné à ces premiers seigneurs d'Orange, se trouve, il est vrai, dans un document du Gallia (1). C'est le consentement prêté vers 1107, par *Geraldo Adhemario Aurasiae principis, cum totius populi Aurasicensis concione*, à l'élection de Bérenger chanoine de Saint-Ruph au siège d'Orange, qu'on rendait ainsi indépendant du diocèse de Saint-Paul-trois-châteaux, sur la demande que venaient d'en faire les délégués du clergé d'Orange au pape Pascal II.

Qu'on nous permette ici d'exprimer un doute sur l'authenticité de ce document, doute qui se présente à l'esprit en voyant ce titre de *Princeps* donné à Giraud Adhémar vers une époque où Orange n'était certes pas *principauté* et où ce mot ne se rencontrait déjà plus pour indiquer la personne tenant le premier rang dans une ville ou dans un village ; du reste, le style de toute la charte ne correspond pas à l'époque indiquée. Les chartes fausses paraissent une spécialité de la famille Adhémar de Monteil ; ainsi dans le cartulaire de Montélimar (2), on en trouve plusieures dont les principales portent les dates de 790, 830, 833, 1198, 1201, 1226, 1228, 1237 ; dès le IX siècle on y trouve un Giraud Adhémar de Monteil portant les titres de duc de Gênes, de vicomte de Marseille et de baron de Monteil. La première charte sûre qu'on rencontre contient le diplôme du 12 avril 1164 de l'empereur Frédéric Barberousse à Giraud Adhémar de Grignan, par lequel il lui accorde le privilège de relever directement de l'empire pour les terres dont il lui fait hommage et qui appartenaient à son père et à son aïeul (3).

Selon Dom Martène (4) ce Géraud Adhémar aurait pris part aux querelles religieuses qui eurent lieu dans ce temps-là entre le pape Pascal II et l'empereur Henri ; Bérenger évêque d'Orange très attaché au Saint-Siège aurait éprouvé la vengeance de Géraud Adhémar favorable à l'empereur.

Il cite une lettre adressée vers 1115 par Athon archevêque d'Arles à ce seigneur ; il se réjouit avec lui de ce qu'après avoir subi de grands revers il a finalement remporté une victoire sur ses adversaires, il déplore pourtant d'avoir appris qu'à la tête de ses soldats il a envahi les églises d'Orange, les a détruites de fond en comble, a maltraité le clergé, s'est emparé de leurs biens (5).

Ce document nous paraît prouver que ce Gérald Adhémar n'était pas le seigneur d'Orange, puisqu'il envahit et détruit ses églises ; c'est un épisode sanglant d'une

---

(1) *Gallia Christiana*, I, p. 772 et instr., p. 131.
(2) Chevalier, *Cartulaire Municipal de la ville de Montélimar*, de pag. 6 à 18, etc.
(3) Id., pag. 19.
(4) Martène, *Amplissima collectio*, vol. I, praef., p. xlv.
(5) « Homines enim tui omnes ecclesias fere civitatis invaserunt, inter quos sacrilegos particeps « imo caput et princeps exhibisti » (Id., p.634).

guerre de religion qui s'accomplit là, peut-être c'est en même temps une vengeance personnelle contre ses ennemis. En effet, avant l'invasion de Gérald Adhémar, si ce personnage a réellement existé, Orange appartenait à une comtesse Adélaïde: nous le prouvons par le diplome d'Idelphonse de Toulouse (1), qui en 1126, sur la demande que lui a adressé l'évêque Bérenger avec le consentement de Raimbald fils de Tiburge, *assensu Tiburgae filii, Raimbaldi*, a restitué à l'église d'Orange certaines possessions, *quas ipse tenuerat ante guerram et destructionem prefatae ecclesiae.*

Ces possessions avaient été données par la *comtesse Adélaïde mère de Raimbald* à l'évêque Udalric; son successeur l'évêque Bérenger présente au comte de Toulouse plusieurs témoins, parmi lesquels le fils même d'Udalric, et le testament de la comtesse Adelaïde:

Ostendit etiam testamentum praefatae comitissae Raimbaldi matris, multis testibus corroboratum, in quo continebatur de demissione episcopalis domus..... et de condamina quam prenominata Atalaix comitissa, assensu Raimbaldi filii sui donavit B. Florentio et domino episcopo.

Nous croyons donc apocryphe la première charte où paraît Adhemar prince d'Orange.

Nous ajouterons encore que lorsque les historiens de Provence parlent des trois seigneurs d'Orange, Raimbald I — Bertrand — Raimbald II, et qu'ils leur donnent le nom d'Adhémar, on est en droit de s'en étonner; puisque dans aucune pièce qui regarde un de ces trois personnages on ne trouve ce dernier nom de famille.

C'est plutôt dans la famille des seigneurs de Monteil, vassaux de la famille de Poitiers comtes de Valentinois, peut-être même issus d'une tige commune, qu'il faut chercher le destructeur d'Orange, car c'est précisément dans cette famille de Monteil que, postérieurement, se retrouve le nom d'Adhémar et de Gérald Adhémar tellement répété, qu'il en devient nom patronymique (2).

Le voisinage de Monteil et d'Orange peut très bien avoir engagé les seigneurs de Monteil à s'emparer de cette seconde ville (3); les querelles religieuses, les rivalités de famille peuvent les y avoir poussé.

Du reste, après l'invasion d'Orange, au retour de la paix, nous y avons vu la comtesse Adélaïde et son fils Raimbald; de même plus tard aucun Adhémar n'a des droits sur Orange, tandis qu'en 1150 Guillaume et Raimbald seigneurs d'Orange et de Courthezon, fils de Guillaume de Montpellier-Omelas se partagent en parties égales le comté d'Orange et les possessions dans les comtés de Nice, Sisteron et Apt, d'après le testament de leur mère Tiburge, fille de Raimbald le croisé de 1096 (4).

---

(1) *Gallia C.*, vol. I, p. 132.
(2) En 1210 Gérald Adhémar de Monteil vicomte de Marseille, vend à Adhémar de Poitiers le château de Cliouscat, son fils Giraudet Adhémar donne son consentement. (CHEVALIER, *Cartulaire de S. Chaffre*, p. 38).
(3) Le 30 juillet 1178 on trouve un diplome de l'empereur Frédéric qui concède à Guillaume de Poitiers comte de Valence et au comte Dauphin le péage *quod in ea strata quae est a Valentia usque Montilium exigitur.* CHEVALIER, *Inventaire des archives des Dauphins à S. André de Grenoble*, p. 27.
(4) GIOFFREDO, *Storia A. M.*, vol. II, p. 72.

XVII.

Les comtes d'Orange descendent directement des vicomtes de Nice.

Après avoir examiné ce qui a été dit sur la première race des seigneurs d'Orange nous allons exposer une série de documents, qui nous fixent les points historiques suivants :

1° Cette seigneurie s'est maintenue dans la famille de Raimbald de Nice, fils de Laugier, jusqu'à son petit fils direct Raimbald, comte d'Orange, croisé en 1096.

2° La femme de Bertrand, fils de Raimbald I, était Adélaïde comtesse, mère de Raimbald II.

3° Après la croisade, Orange est passé dans la famille de Montpellier, par Tiburge fille de Raimbald II.

4° Par Tiburge de Montpellier, Orange est parvenu à la famille de Baux.

La filiation des seigneurs d'Orange serait donc aussi selon nous Raimbald I — Bertrand — Raimbald II.

Un des fils de Laugier et de Odila est Raimbald, dont nous avons déjà parlé. On le trouve séjournant à Courthezon, très puissant à Nice et à Vence, très influent par ses relations de famille et par les siéges épiscopaux concédés à ses parents.

Courthezon, à côté d'Orange, devait être une résidence féodale très importante, la demeure habituelle des seigneurs d'Orange, car les petit-fils de Raimbald, comte d'Orange en 1096, sont qualifiés de Courthezon et y résident.

Dans la donation de Drap faite par l'évêque Pierre, fils de Raimbald, on trouve parmi les témoins un Hugues de Caderousse, village près d'Orange.

Gioffredo avait déjà fait la remarque des relations qui devaient exister entre les seigneurs de Nice et d'Orange.

Trois documents nous apprennent que Raimbald de Nice a pour fils Bertrand; la confirmation de Raimbald pour Saint-Véran en 1062 (1); la donation de Drap en 1073 (2); la donation de diverses terres faite vers 1078 par *Bertrandus filius Raimbaldi* (3).

D'autre part nous trouvons vers 1061 un *Bertrandus Aurasicensis filius Raimbaldi*; ce seigneur désirant donner plus d'importance à la ville d'Orange faisait son possible pour obtenir du souverain pontife la restitution du siége épiscopal dont elle avait été privée depuis longtemps.

Le pape Alexandre adresse à *Bertrando filio Raimbaldi* une lettre pour l'engager à cesser toute l'agitation qu'il essayait de soulever dans ce but; il lui dit qu'il

---

(1) *Cart. de Lérins*, p. 141, 347.
(2) *Cart. de la cath. de Nice*, 82.
(3) Id., 17.

sait que *die noctuque inde evellere studeas et separare* et il lui intime de laisser en paix Gérald évêque des deux villes: *quod si non feceris, scias te et omnes in hac causa tibi consentientes, ex parte beati Petri et nostra excommunicatos esse* (1).

Le peuple d'Orange ne tint pas compte de l'ordre pontifical, mais réuni en assemblée il choisit pour évêque Guillaume. Le pape Urbain en 1095 se résigna à cette élection populaire, mais avec la réserve expresse que, *mortuo Guillelmo episcopo Aurasicano, nullus in eius locus eligatur, sed ecclesia ab episcopo Tricastino regatur* (2).

Cet évêque Guillaume est celui qui prit part à la croisade et mourut en Palestine en 1098 (3).

La femme de Bertrand, qui ne porta pas le nom d'Orange mais qui en était seigneur, fut Adélaïde (4); c'est elle qui est qualifiée de comtesse.

Nous en avons aussi la preuve par la charte d'Idelphonse comte de Toulouse de 1126, dont nous avons parlé plus haut, mais qu'il est utile d'avoir de nouveau sous les yeux.

Bérenger évêque d'Orange, avec le consentement de Raimbald fils de Tiburge, *assensu Tiburgae filii Rambaldi* (5), avait demandé la restitution des possessions jadis données à son église par la comtesse Adélaïde mère de Raimbald, pour prouver ces anciens droits, *ostendit etiam testamentum prefatae comitissae Raimbaldi matris, multis testibus corroboratum, in quo continebatur de demissione episcopalis domus quam ipsa abstulerat mortuo Udelrico episcopo et de donatione condaminae quam prenominata Atalaix comitissa, assensu Raimbaldi filii sui donavit B. Florentio et domno episcopo* (6). Notre assertion paraît donc bien confirmée; mais nous ajouterons encore une autre preuve. Adélaïde est qualifiée de comtesse, tandis que ni Raimbald I, ni Bertrand son mari ne portent ce titre féodal. S'il est attribué à son fils Raimbald, c'est du chef de sa mère qu'il le tenait. Adélaïde devait donc appartenir à une famille comtale, très probablement à celle des seigneurs de Poitiers, comtes de Valentinois, dont un membre en 1163 est qualifié de *Willelmus Pictaviensis cognomine, officio vero Valentinus comes* (7).

L'origine de cette famille remonte au comte Lambert, à la fin du x siècle, fils de Gontard et d'Ermengarde (8); nous nous contenterons de faire observer que ces comtes de Valentinois avaient dans leur juridiction Valence et Monteil à côté d'Orange et qu'ils portaient dans leurs armoiries cette étoile à seize rayons devenue

---

(1) *Recueil des historiens des Gaules*, vol. XIV, p. 526.
(2) *Gallia C.*, vol. I, p. 119.
(3) *Recueil des historiens des croisades. Historiens Occidentaux. Guillaume de Tyr*, vol. I, p. 96, 291 et 365.
(4) *Gallia C.*, vol. I, p. 132.
(5) Ce Raimbald est *Raimbald d'Orange*, fils de Guillaume de Montpellier-Omelas et de Tiburge, fille de Rambald le croisé de 1096. Plusieurs historiens ont transcrit ce document du Gallia en mettant: *assensu Tiburgiae filiae Raimbaldi*, en faisant ainsi de Raimbald le père de Tiburge, tandis qu'il s'agit ici de son fils. Du reste cela ne changerait en rien notre ipothèse.
(6) *Gallia C.*, vol. I, p. 132.
(7) CHEVALIER, *Cart. de Die.*, p. 35.
(8) *Cart. de Cluny*, n. 1715 et *Cart. de S. Chaffre*, p. 1 et 8.

légendaire et qu'ont ensuite porté la plupart des seigneurs de Baux, après que Bertrand de Baux au commencement du xiie siècle eut épousé Tiburge petite-fille de *Bertrand* et d'*Adélaïde* dont nous venons de parler.

Adhémar comte de Valentinois en 1210 a un sceau avec la légende: *sigillum Adhemari comiti Valentinensis;* le revers offre une étoile à seize rayons et ces mots à l'entour: *Comitis Valentinensis;* il s'agit de la vente du château de Cliouscat que lui font *Giraldus Ademari dominus Montilii vicecomes Massilie et Giraldetus Ademari* son fils, neveu d'Adhémar de Poitiers; le sceau de Géraud Adhémar a un guerrier à cheval, la lance au poing; l'acte se passe à Monteil, *in fornello Giraldi Ademari*, à la présence du comte de Toulouse (1).

Une autre pièce de 1267, regardant la même famille, est intitulé: *instrumentum quo comes Valentini tradit in excambium Guigoni Dalphino castrum Clayraci.* Il s'y trouve un sceau avec les légendes: *sigillum Aymari Pictaviensis et comitis Valentinensis et Diensis;* sur une face l'étoile à seize rayons, de l'autre sur le caparaçon du cheval les six besants, qui sont les armes spéciales de la famille des comtes de Poitiers (2).

En 1215 Hugues de Baux, vicomte de Marseille, fils de Tiburge d'Orange, porte sur le sceau d'un côté l'étoile à seize rayons, de l'autre sur le caparaçon du cheval une étoile à huit rayons (3).

En 1220 Raymond de Baux, vicomte de Marseille, porte l'étoile à seize rayons, sur un coin on voit le cor de chasse (4).

En 1256 Guillaume de Baux, prince d'Orange, porte le cor de chasse lié, surmonté de l'étoile, la légende est: *sigillum W. de Baucio principis Aurasie.*

Vers la même époque Bertrand de Baux, comte d'Avellino, fils de Barral de Baux, porte sur le caparaçon les armes de Toulouse et Forcalquier, mais au revers on trouve l'étoile à seize rayons.

En 1351 François de Baux, duc d'Andria, porte la même étoile.

On voit, par ce qui précède, que toutes les branches de la maison de Baux conservèrent cette étoile légendaire que généalogistes et poëtes déclarent être l'étoile des rois Mages, ancêtres de la famille.

On remarquera pareillement la possibilité que cette étoile leur soit parvenue par le mariage de Bertrand de Baux avec Tiburge d'Orange: serait-ce donc téméraire d'en déduire qu'elle est passé à la famille d'Orange par la famille de Poitiers?

Retournons à Bertrand fils de Raimbald de Nice.

Il doit être mort vers 1078, car il ne figure pas dans la grande donation faite à cette époque à l'abbaye de Saint-Pons par ses frères et ses cousins, qui par cet acte cédèrent plus de vingt églises ou villages (5); ou bien, étant à Orange, il ne sera pas intervenu à l'acte passé à Nice.

---

(1) CHEVALIER, *Cart. de S. Chaffre*, p. 39.
(2) VALBONNAIS, *Hist. du Dauphiné*, p. 380.
(3) BLANCARD, *Iconographie des sceaux et bulles de Provence*, p. 48-54.
(4) BLANCARD, loc. cit.
(5) JOFREDI, *Nic. Civ.*, p. 164.

Son fils Raimbald II est qualifié de comte d'Orange; il se croisa en 1095 avec Adhémar évêque du Puy, Guillaume évêque d'Orange, Raymond de Saint-Gilles, Guillaume de Montpellier, Isoard comte de Die (1); il eut un commandement à la sixième division de l'armée (2); il entra à Jérusalem en 1099 (3).

En 1108 Raimbald d'Orange, *Raimbaldus Aurasicensis*, vivait encore; il est à Nice.

Lui et trois de ses cousins germains, qualifiés de *Potestates Nicie*, c'est-à-dire *vicomtes*, accordent des priviléges à l'église de Nice sur la vente et les donations que leurs vassaux pourront faire en sa faveur (4). Raimbald d'Orange n'était donc pas consul de Nice, comme l'avait dit Gioffredo (5), mais seigneur de notre ville, comme l'étaient avec lui *Franco* (fils de Rostaing Raimbald et d'Accelena de Fréjus), *Raimbaldus Laugerii* (fils de Laugier le Roux et d'Amantia de Castellane) et *Guillelmus Assalit* (probablement fils de Raimbald, frère des précédents). Raimbald comte d'Orange et seigneur de Nice mourut vers 1121.

Nous ignorons le nom de sa femme. Tiburge sa fille épousa d'abord Geoffroi de Mornas, ensuite *Guillaume de Montpellier-Omelas*, frère de *Gui Guerreiat*.

Ce mariage nous est prouvé par la promesse que fit en 1191 Adhémar de Murvieil (6) à Guillaume de Montpellier de donner à Guillaume fils de ce dernier sa petite-fille Tiburge (7), en lui accordant comme apport dotal tout ce que *Raimbaldus de Aurenga, vel pater eius Guillelmus de Omelacio* avait possédé en certaines régions, soit Omelas, Murvieil, Saint-Pons, etc.; si Tiburge meurt Guillaume épousera Sibille sa sœur cadette (8).

Tiburge d'Orange eut de son mariage avec Guillaume de Montpellier-Omelas deux fils Guillaume et Raimbald et deux filles Tiburge et Tiburgette (9).

Guillaume l'aîné fut seigneur d'Orange et mourut en 1160.

Son fils Raimbald en 1190 donnait aux chevaliers de Saint-Jean de Jérusalem le quart d'Orange et en 1215 les châteaux de Lardins, Gault, etc. (10). Sa fille Tiburge en 1180 faisait cession au même ordre de l'autre quart d'Orange.

Raimbald fils cadet de Tiburge porta pareillement le titre d'Orange et résida à

---

(1) « Isuardus comes Diensis, Raimbaldus comes Aurasicensis, Willelmus de Montepesulano, etc. » *Recueil des historiens des croisades. Historiens occidentaux.* — Guillaume de Tyr, vol. I, p. 45 et 96.
(2) « Sextae aciei .... praefecti sunt Raimbaldus comes de Oringis etc. ». Id., vol. I, p 265.
(3) « Comes Raimbaldus de Oringia ». Id., p. 352.
(4) Cais de Pierlas, *Cart. eccl. cath. Nic.*, 48 et praef., p. xiv.
(5) Gioffredo, *S¹. A. M.*, vol. II, p. 2. Outre cette erreur de titre, notre grand historien a fautivement transcrit les deux noms en écrivant *Franco Raimbaldo* et *Laugiero*.
(6) *Ademarus de Murovetere.* — Il avait épousé Tiburgette sœur cadette de Tiburge, mariée à Bertrand de Baux.
(7) Elle était fille de Raymond Athon, son fils aîné.
(8) Acherii, *Spicilegia*, vol. III, p. 555. En 1199 Tiburge renonce à son mariage avec Guillaume: témoin Bertrand d'Espagnet, *De Hispania*, etc. Id. p. 556.
(9) Dans son testament, fait en 1150, Tiburge donne à Bertrand de Baux mari de sa fille Tiburge une condamine et divers domaines aux environs d'Orange et ¹/₄ de Courthezon; elle lègue à Raimbald son fils la ¹/₂ d'Orange et de Courthezon, ainsi que ¹/₃ de Jonquières et d'autres fiefs et de tout ce qu'elle possède dans les comtés de Gap, Sisteron, Nice, Usez. Les deux autres tiers appartiendront à son autre fils Guillaume et à Adhémar de Marseille mari de Tiburgette. (Barthélemi, *Cartulaire de la famille de Baux*, p. 10).
(10) Blancard, *Iconographie des sceaux de Provence*, p. 64.

Courthezon; en 1168 il céda le château d'Omelas à Guillaume de Montpellier; en 1171 il céda Murvieil aux seigneurs de ce nom ; en 1173 il fit héritière sa sœur Tiburge mariée à Bertrand de Baux. C'est un des plus anciens troubadours de Provence. Tiburgette, sœur cadette, avait épousé Adhémar de Murvieil.

C'est donc par Tiburge de Montpellier (descendante par sa mère des vicomtes de Nice) que le comté d'Orange, à l'exception d'une partie cédée à l'ordre de Saint-Jean, passa à cette grande famille de Baux, qui faillit réussir à enlever à la maison de Barcelone la suzeraineté de la Provence.

XVIII.

Famille de Baux.

Les historiens Provençaux et les généalogistes qui ont parlé de l'illustre maison de Baux, sans recourir aux divagations poétiques, ont établi comme premier personnage historique un *Pons Iuvenis* dont les vassaux, Silvius et ses fils, donnèrent en 981 certains biens à l'abbaye de Montmajor; *ex donatione senioris nostri domini Pontii Juvenis et uxoris eius Profecte et ipsorum filii domino Ugone..... et etiam illud in comitatu Arelatense secus castrum qui vocatur Balcius* (1). Ce document, qui a toutes les apparences de la sincérité, indique assez clairement qu'il s'agit bien ici des ancêtres de la famille de Baux. Ce Pontius Iuvenis devait être un bien puissant personnage, car il signe avec les comtes de Provence, tellement que certains auteurs ont cru qu'il s'agissait de leur frère.

Au milieu de l'incertitude qui règne sur les commencements de cette famille nous allons chercher la vérité dans ce grand cartulaire de Saint-Victor, dont on ne saurait jamais assez étudier les richesses historiques qu'il renferme.

Nous commencerons par indiquer une charte de l'année 1059 (2).

Il s'agit de la concession faite à l'abbaye de Marseille d'une église et de ses dépendances, située au territoire d'Esparron ; les donateurs y sont qualifiés de *coheredes*, ce sont Geoffroi et sa femme Scocia et leurs enfants Guillaume et Pons; Hugues et sa femme Inauris et leurs enfants Guillaume, Hugues, Pons ; ensuite viennent Guillaume le jeune, qualifié de neveu des premiers seigneurs, sa femme Aldegarde et leurs enfants; finalement Amelius Fossanus et sa femme Garsia.

Geoffroi, nommé en premier lieu, est la tige de la famille de Rians, car nous le trouvons qualifié de Geoffroi de Rians en 1057 dans une donation du comte de Provence (3) et dans des chartes relatives à Marignane, où nous trouvons le nom de sa

---

(1) Papon, *Histoire de Provence*, vol. II, doc. 2.
(2) *Cart. de S. Victor*, 267.
(3) Id., 184.

femme Scocia (1), ceux de ses fils Guillaume et Pons et de Garsenia femme de son fils aîné (2).

Quant à *Hugues*, le nom de sa femme Inauris, fille de Guillaume d'Apt et d'Adélaïde (3) de Reillane, nous prouve qu'il s'agit de Hugues de Baux père de Guillaume, que les documents rapportés par d'autres historiens ont déjà fait connaître. Un *breve* du xı° siècle faisant partie du même cartulaire nous dit aussi bien clairement qu'une certaine donation au Trebon, quartier d'Arles, était faite en présence de *domni Ugonis de Balcio et sue mulieris Inauris* (4). Plusieurs autres chartes nous parlent de lui (5).

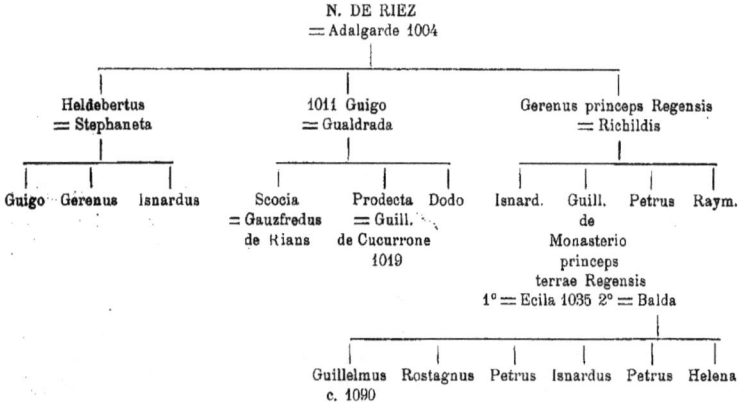

Guillaume le jeune, troisième personnage de la charte en question, est un vicomte de Marseille, fils de Guillaume et d'Etiennette (6); celle-ci était donc la sœur des deux premiers seigneurs; la qualification de *iuvenis*, le nom de sa femme et de ses enfants concordent trop avec la famille de Marseille pour qu'il puisse y avoir le moindre doute à cet égard (7). Aldegarde sa femme devait être sœur de Franco, vicomte de Fréjus (8). *Amelius Fossanus* est Amelius de Fos, seigneur d'Hyères. Nous avons donc deux branches parallèles : celle des Rians et celle des Baux.

Les deux frères Geoffroi et Hugues avaient cependant un troisième frère portant

---

(1) Scocia était de la famille de Riez, sa sœur Prodecta était mariée à Guillaume de Cucurron (S. V., 354,). Leur père était Guigo, mari de Gualdrada (S. V., 334. 367, 368) et frère de Gerenus, *Princeps Regensis* (S. V., 613, 586 et Papon, vol. II, doc. 3; *Cart. de Cluny*, vol. III, 228), mari de Richilde, et de Heldebert mari d'Etiennette (S. V., 613). Ces trois frères avaient pour mère Aldegarde très-puissante dame qui en 1004 fondait à Marseille un monastère de femmes (S. V., 1053).

(2) *Cart. de S. Victor*, 212.
(3) Id., 425, 657.
(4) Id., 185.
(5) Id., 171, 211, 213.
(6) Id., 20.
(7) Id., 537, 542, 553.
(8) Id., 567.

le nom de Pons. C'est ce qui résulte d'une donation faite au château d'Esparron par ces trois seigneurs, qui sont compris à trois reprises dans la même formule, soit dans la donation, soit dans la signature, *Gauzfredus et Ugo et Pontius cum uxoribus suis et filiorum suorum qui hoc donum* etc., tandis qu'à la suite nous trouvons dans une formule séparée *Franco Foroiuliense filio Franconc donavit et firmavit;* un lien de famille plus étroit liait donc les trois premiers seigneurs, ils étaient frères (1).

L'existence prouvée de ce troisième frère a une très haute importance pour nous, car nous allons la comparer avec le fragment d'une autre charte dont la rubrique authentique du cartulaire est la suivante : *Charta qua Pontius, filius Guillelmi, fratris Gosfredi et Hugonis, abbatiae S. Victoris largitur mansum unum in comitatu Arelatensi, in villa Marignana situm* (2). Ceci en 1045. C'est le *Pontius de Rians filius Willelmi* qui, en 1038, signe comme témoin à la donation des droits de pêche faite à Marignane par Pons évêque d'Arles (3).

Deux autres chartes de 1030-1039, relatives à des biens donnés à Vances et à Esparron, nous répètent que Pons est fils de Guillaume (4), *Pontius filius Willelmi*. Il s'est marié fort tard avec Aldegarde fille de Dodon, avec laquelle il fait des donations en 1059 et 1070 (5). *Pontius de Rianis Guilielmi quondam filius et mulier mea Adalgarda*. Ces deux documents nous donnent une idée de ces vastes domaines à Septême, à Campagne, à Simiane, à Albertas, à Rians, etc.

Les chartes relatives à Pons que nous venons de citer ne prouvent pas seulement que Pons était frère de Geoffroi de Rians et de Hugues de Baux, mais elles nous disent que leur père s'appelait Guillaume.

Il paraît donc probable que les généalogistes (6) ont été dans l'erreur en croyant que Hugues, fils de *Pons Iuvenis*, était le mari d'Inauris ; il faut ajouter un Guillaume entre les deux Hugues.

Le cartulaire de Lérins nous répète le nom de Guillaume II, fils de Hugues de Baux, dans une notice qui nous apprend que Bermond, prieur de la Cappe, et Rainald, prieur d'Adau, en 1110 donnèrent à cens à certains habitants d'Arles les maisons de Fracte, que *Guillelmus Hugonis* et son fils Raymond de Baux avaient jadis concédées à l'abbaye. Sa femme s'appelle Vierna (7). D'autres documents de Lérins ont trait à Raymond de Baux pour l'investiture faite en 1113, par le comte de Toulouse, des hommes et des droits féodaux situés dans la Camargue (8).

Raymond de Baux, comme les principaux seigneurs de Provence, avait été en Palestine ; nous le trouvons en 1106 à Mont Pellegrin présent à une donation faite à l'église du Saint-Sépulchre de Jérusalem par Guillaume Jourdain comte de

---

(1) *Cart. de S. Victor*, 268.
(2) Id., 210.
(3) Id., 219.
(4) Id., 1063, 277.
(5) Id., 1077, 256.
(6) Le Baron du Roure dans sa docte monographie de la famille de Sabran, pag. 75, dit aussi que Geoffroi de Rians, mari de Scocia, est fils de *Pons Juvenis*.
(7) *Cart. de Lérins*, p. 267.
(8) Id., p. 253.

Toulouse (1). Nous trouvons aussi en 1116 Raymond *de Bals* témoin à un acte d'arbitrage passé à la présence de Raymond Bérenger, comte de Barcelone et marquis de Provence, entre l'abbaye de Saint-Victor et les vicomtes de Marseille (2).

Famille de Baux

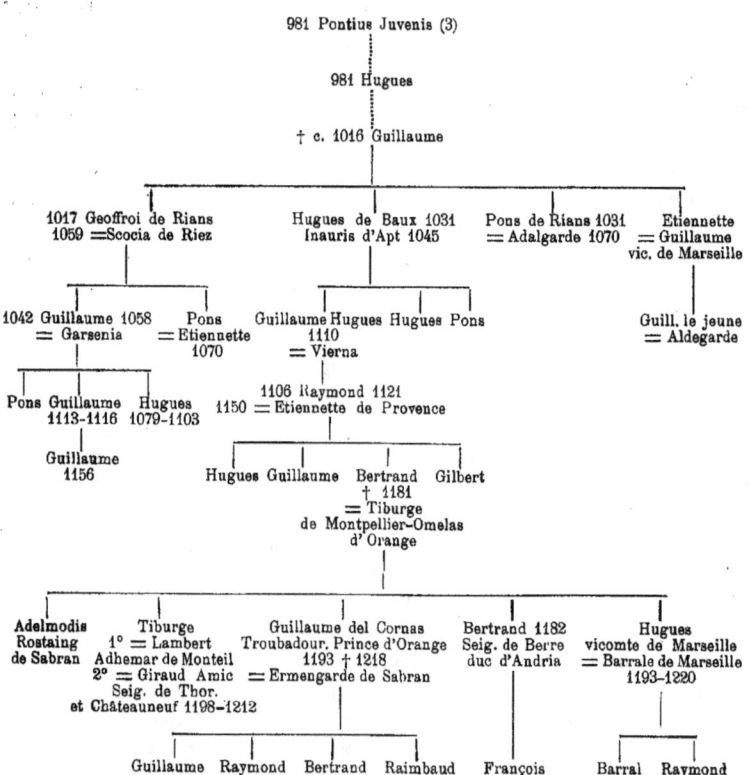

---

(1) BEUGNOT, *Assises de Jérusalem*, p. 480.
(2) *Cart. de S. Victor*, 805.
(3) Une charte de Montmajour de l'année 971, publiée par D. Chantelou et dernièrement par M. Blancard (Mém. de l'Académie de Marseille, juillet 1887), a pour premiers témoins *Pontius Juvenis firmavit*, *frater Lambertus firmavit* ; ce dernier pourrait être Lambert, tige de la famille de Reillane et de celle de Cucurron dont nous avons parlé (V. *supra*, pag. 43); il est qualifié de *nobilissimus vir*, *judex videlicet Lambertus*, dans un document du charrier d'Arles publié par M. Blancard (Mém. de l'Académie de Marseille, mars 1887).

L'importance de la famille à cette époque était telle, que Raymond épousa Etiennette, fille de Gilbert comte de Provence et de Gerberge (1), qui, selon nos historiens les plus sûrs, serait la sœur même de Douce, mariée à Raymond Bérenger, comte de Barcelone.

En 1145 l'empereur accorda à Raymond de Baux et à Etiennette le droit de battre monnaie et leur donna l'investiture de ce que possédait leur père Guillaume Hugues (2).

Par le mariage avec Etiennette dérivèrent les droits de la maison de Baux sur le comté même de Provence et la guerre qui en fut la conséquence, d'abord avec Bérenger Raimond, puis, à la mort de celui-ci, avec Raimond Bérenger II. Les seigneurs de Provence se partagèrent en deux camps. Les seigneurs de Rians, très puissants, aidèrent leurs cousins de Baux; nous en trouvons mention dans une charte de Saint-Victor de 1156 où il est dit: *usque dum ipse Guillelmus de Rians et alii nobiles moverunt guerram contra comitem Berengarium Raimundum* (3).

La paix allait se conclure en 1150, lorsque Raymond de Baux mourut à Barcelone. Etiennette et ses fils Hugues, Guillaume, Bertrand et Gilbert essayèrent de recommencer la lutte; mais ils durent bientôt se rendre à la merci de leur adversaire et se constituer prisonniers. Ils durent renoncer à leurs prétentions d'héritage au comté de Provence, en reconnaître la suzeraineté sur Arles et Portaldose et se déclarer ses vassaux pour le château de Trinquetaille d'Arles; ils remirent entre ses mains plusieurs châteaux, parmi lesquels celui de Trans (4), et délivrèrent de leur serment tous les seigneurs de leur parti. De nouveau en 1156 (5) la guerre recommença, mais les Baux eurent le dessous et un traité de paix fut conclu par la médiation du comte de Toulouse, de la vicomtesse de Narbonne, de l'archevêque d'Arles et de plusieurs autres seigneurs. Les conditions furent encore plus rigoureuses pour les vaincus, qui durent, depuis lors, se considérer définitivement comme vassaux de la couronne de Provence (6).

En 1162 les comtes de Provence recevaient l'investiture de l'empereur Frédéric, qui annullait les deux diplômes d'inféodation de la Provence, accordée jadis par Conrad et Frédéric lui-même à Hugues de Baux (7).

Bertrand, fils d'Etiennette de Provence, épousa Tiburge d'Orange, descendante des comtes de Montpellier et des vicomtes de Nice, seigneurs d'Orange et de Sisteron; c'est ainsi que passèrent dans la famille de Baux soit le comté d'Orange, qui prit peu après le titre de principauté, soit les possessions dans le comté de Nice, comme nous en avons la preuve dans un article du polyptyque des comtes de Provence, où nous trouvons que le château de Contes: *fuit dominorum de Baucio et illud castrum cum quibusdam aliis fuit obligatum dominis de Castronovo ut continetur*

---

(1) *Arch. de Marseille*, 279.
(2) Papon, vol. II doc. p. 14.
(3) *Cart. de S. Victor*, 950.
(4) *Arch. de Marseille*, 279, 280.
(5) Loc. cit., 278, 282.
(6) Loc. cit., 289.
(7) Loc. cit., 285.

in notula Raymundi Terii (1) *pro* V^{m.} VIIe *solidos ; postmodum, transacto magno tempore, venit Guillelmus de Baucio, qui ivit in Sardeniam nomine suorum et aliorum dominorum de Baucio et recuperavit castrum de Comptos et illud vendidit Bertrando Richerio ; qui Bertrandus Richerius fuit bannitus domini Comitis per sententiam latam a Petro Bota iudice* (2) *et eiusdem bona confiscavit ; et tunc, elapso uno anno vel circa, dominus Raymundus Berengarius cepit castrum de Comptos et tenuit et habuit bene per* IIII *annos, postmodum habuit Milo et alii domini de Castronovo, et nescitur ex qua causa* (3).

Les fils de Bertrand de Baux et de Tiburge de Montpellier-d'Orange furent Hugues et Guillaume et deux filles, Adalmos, mariée à Rostaing de Sabran, et Tiburge, à Lambert Adhémar de Monteil (4).

XIX.

Laugier le Roux fils de Raimbald de Nice.

Nous avons dit que Bertrand, fils de Raimbald, doit avoir pris possession du comté d'Orange après son mariage avec Adélaïde ; en effet nous le trouvons deux seules fois à Nice, tandis que Laugier, son frère, se retrouve souvent, soit comme principal personnage, soit comme témoin à des actes importants.

Nous le trouvons portant le nom de *Leodegarius de Nica*, en 1062, témoin à la donation de la Salette de Saraman par Lambert (5).

Un peu plus tard, vers 1075, il porte le surnom de *Rufus*, lorsque, avec son frère Pierre, évêque, et avec ses cousins Raimbald et Laugier Rostaing, il fait une très grande donation à Saint-Pons (6). Le *breve* de cet acte nous apprend qu'ils donnent le village de Matos, ancienne dépendance de Saint-Pons, la moitié de Co -

---

(1) Notaire à Nice en 1210.
(2) En 1229.
(3) *Arch. de Marseille.* Le Dr. Barthélemi croit que Guillaume de Baux, dont il est question ici, est le petit fils de Guillaume d'Orange, assassiné en 1218. Le 1er juin 1248 il légua par testament, au fils qui naîtra de sa fille Galburge de Mévouillon, tous les biens qu'il possède en Sardaigne, p. 658.
(4) Nous avions déjà composé cet article, lorsque nous avons trouvé le remarquable ouvrage du Dr. L. Barthélemi de Marseille intitulé: *Inventaire chronologique et analytique des chartes de la maison de Baux.* On verra par ce qui précède que nous ne sommes pas d'accord avec lui sur plusieurs points qui regardent le siècle dont nous nous occupons. Il suppose en effet que Hugues de Baux soit fils de Pons le jeune et de Profecta, il dit aussi que Hugues est mort vers 1060 ; on a vu qu'il prend part en 981 à la donation de son père ; la chronologie ne s'en arrange guère. Il dit aussi que Inaurs était fille d'Artaud vicomte de Cavaillon, il ne cite aucun document à l'appui de son assertion, ainsi jusqu'à preuve contraire notre opinion, qu'elle soit de la famille d'Apt, nous paraît préférable. Il donne le titre de Clerc à Pons frère de Hugues de Baux; nous n'avons pas trouvé cette qualification dans le cartulaire de Saint-Victor ; nous le croyons mari d'Adalgarde. Le même auteur parle des ancêtres de Pons et de ceux de la famille de Reillane, d'après les études du savant archiviste de Marseille M. Blancard : espérons que ce dernier publiera bientôt les travaux qu'il prépare sur la Provence et qui seront un véritable événement pour l'histoire du midi de la France.
(5) *Cart. de S. Victor*, 791.
(6) JOFREDI, *Nicea Civitas*, p. 164.

lomas (1), le monastère de Sainte-Marie de la Gaude avec son village (2), le village de Saint-Blaise, Sainte-Marie de Levens et son village, Saint-Pierre de l'Escarène et son village, l'église de Saint-Martin et son village, Sainte-Marie de Gordolon et son village, ainsi que le manse de Gordolon, celui de Gast (3), Saint-Siméon d'Ongran, le manse de Oira (4), les églises de Sainte-Dévote (5), de Saint-Laurent (6), de Saint-Hospice, de Sainte-Réparate, de Cimiez, de Saint-Michel de Barbelate (7), de Sainte-Tècle (8), de Sainte-Marguerite avec son manse, *quem emerunt monachi Sancti Pontii* (9), enfin tous les droits et honneurs qui appartiennent à Saint-Pons.

Plus qu'une donation, cet acte est une reconnaissance, un diplôme de sauvegarde; on voit que c'est presque tout ce qui constituait l'ancien comté de Cimiez et qui avait été donné par Charlemagne à l'abbaye de Saint-Pons, comme le dit la chronique de Lérins; c'était donc une restitution, dont nous avons la preuve en voyant les deux branches de la famille de Laugier y prendre part solidairement.

Vers 1070 Laugier, qualifié de fils de Raimbald, cédait à la cathédrale de Nice la moitié du château et territoire d'Albasagne ainsi que la moitié des villas de Sainte-Marguerite et de Colomas. Son fils et ses frères signent à cet acte (10). Vers 1073 en déclarant que, *quondam infirmitate correptus, timore mortis, deductus ab episcopo Raimundo in monasterio Lyrinensi, ubi tunc devovi me esse monacum*, il cède à l'abbaye de Lérins tout ce qu'il possède au château de Cagnes et dans ses dépendances, terres, moulins, port; Bertrand, son fils, prend part à la donation (11). Une autre charte contient la notice de la même donation; on voit par elle que le donateur portait le surnom de *Rufus*, que sa part de Cagnes consistait dans la moitié de ce village, *medietatem castelli Canee sive de villa* (12); l'autre moitié appartenait peut-être à la famille de Lambert et Amic. Ces deux chartes sont bien la répétition l'une de l'autre, car nous trouvons dans chacune le fils du donateur, Bertrand, et trois témoins identiquement mentionnés.

---

(1) Gioffredo croit que *Collomaris*, dont il est question ici, soit Colomars, au diocèse de Senez, sur le Verdon, mais ce doit être Colomas de Nice, près de Bellet (v. *Cart. eccl. cath. Nicensis*, 5, 38 et préf., p. xxxi).
(2) Le texte a *villa*; à ce propos il est essentiel d'observer que ce mot s'est transformé en village, comme dans notre région le mot *mansum* est devenu *massage* ou *masage*, hameau.
(3) À Roquebillère.
(4) Aura, Auria, Oria, près de Peille. Cfr. *Cart. eccl. cath. Nicensis*, 30, 39, 40, 47 et préf., p. xxx.
(5) À Monaco, qui n'existait pas à cette époque et dont le territoire *Portus Monachi*, appartenait à la Turbie. V. les *Documents inédits sur les Grimaldi et Monaco* par E. Cais de Pierlas.
(6) À Eze.
(7) À Falicon.
(8) Entre Drap et Peillon.
(9) Sainte-Marguerite d'Albasagne, peut-être près des Sagnes du Var. V. *Cart. eccl. cath. Nicensis*, 2, 5, 38 et préf., p. xxxi.
(10) *Cart. eccl. cath. Nicensis*, 5.
(11) *Cart. de Lérins*, p. 153. Les éditeurs du cartulaire fixent la date de 1158 à 1199 en se basant sans doute sur ce que l'évêque Raymond serait celui de Grasse; mais il nous paraît plus exacte d'y voir celui de Nice vers 1073; il est du reste indiqué comme tel dans la seconde charte qui a pour objet cette même donation; l'abbé Adalbert est un des deux ayant siégé de 1046 à 1101; en dernier lieu P. de Episcopo est le témoin ordinaire des actes passés à Nice vers 1070.
(12) *Cart. de Lérins*, p. 141. Les éditeurs du cartulaire supposent que cette charte soit du XII siècle. Cfr. la note précédente.

On trouve une autre fois dans le même recueil le nom de *Laugerius Rufus*; il donne ce qu'il possède sur le territoire de l'église de Saint-Jean, situé entre Roquesteron et Cuebris. Il a alors pour fils non-seulement Bertrand, dont nous avons vu le nom dans les deux chartes précédentes, mais aussi Raimbald (1).

Le nom des fils de Laugier nous met sur la bonne voie pour connaître celui de sa femme. En effet, le cartulaire d'Apt nous apprend que *Raiambaldus filius Amanciae* donne à l'évêque Laugier le château de Tortamollis qui se trouve au milieu de Saignon, pour le repos de l'âme de ses parents et *fratris mei Bertranni*. Parmi les témoins de cet acte on trouve un *Guigo de Lantosca* (2).

Aussi le Gallia nous a conservé le nom de ces deux frères Bertrand et Raimbald, qui, en suivant le conseil de l'évêque Alphante, confirmèrent à l'abbaye de Saint-Gilles la donation du monastère de Saint-Eusèbe situé sur le territoire de Saignon, comté d'Apt, laquelle avait été faite jadis *par Aldebert leur grand-père* (3). Nous avons vu que c'était Aldebert de Thorame-Glandèves, qui, en 1032, avec ses fils Aldebert et Garache, faisait cette donation (4); nous savons d'autre part qu'une des filles d'Aldebert s'appelait Amantia. Or, précisément une charte du cartulaire de Lérins (5), qui a trait à ce même monastère, nous apprend que Laugier et sa femme Amantia concédèrent à Lérins certains droits qu'ils avaient sur le monastère de Saint-Eusèbe; le doute n'est pas permis; Laugier de Nice a eu pour femme Amantia de Thorame.

XX.

Pierre, évêque de Sisteron, et son neveu Pierre, évêque de Vaison, fils de Raimbald de Nice.

Gioffredo confond ces deux évêques, car, en supposant le premier évêque de Vence, il croit que le second a été d'abord évêque de Sisteron, puis de Vaison (6).

Les deux Pierre, oncle et neveu, ont eu contemporainement la dignité d'évêque, puisque dans l'acte de consacration de la nouvelle église de Saint-Victor de Marseille, en 1040, on trouve deux évêques du même nom, un de Sisteron, l'autre de Vaison (7).

---

(1) *Cart. de Lérins*, p. 181. Dans le cartulaire les éditeurs fixent la date de cette charte de 1028 à 1046 à cause de la mention de l'abbé Amalric, ils n'ont pas remarqué que le nom de cet abbé a été ajouté postérieurement; on doit donc fixer la date par l'évêque Archimbald, c'est à dire vers 1074, époque à laquelle il siégeait, d'après une charte du même cartulaire, p. 156. Bernon n'a pas siégé à Nice en 1075, comme le dit la note au cartulaire, mais à l'époque du comte Guillaume de Provence, d'après la charte du Cartulaire de la cathédrale, n. 15.

(2) *Cart. Aptense*, f. 6, *Carta Raiambaldi de Sagnone* et doc. XV.

(3) *Gallia C.*, vol. I, p. 356.

(4) Id., vol. VI instr., p. 176. ..... *aliquid de alode nostro qui est in comitatu Aptensi, in terminium de castro quae vocant Sanione, hoc est abbatiola S. Eusebii cum suis cellis.*

(5) *Cart. de Lérins*, p. 191. L'intitulation de cette charte: *Carta de ecclesia S. Eugenii*, est évidemment incorrecte.

(6) GIOFFR., *Storia A. M.*, p. 616 et table généalogique des comtes de Nice. Pierre évêque de Vence a siégé de 1093 à 1109.

(7) *Cart. de S. Victor*, 14.

On trouve déjà en 1030 Pierre I, évêque de Sisteron, donnant à Saint-Victor le village d'Orbazac, près de Nice, qu'il possède *iure ereditario parentum;* Raimbald est un des témoins (1). Un peu plus tard, Pierre, avec la seule qualification d'évêque, prend part à la donation de la Salette de Saraman (2); il est qualifié de frère de Raimbald et de Rostaing. C'est donc toujours le même évêque. Quant à la date de ce document les éditeurs du cartulaire l'ont fixée vers 1040; mais comme Raimbald a ici pour femme Belieldis et que nous savons par un autre document (3) que jusqu'à l'année 1046 sa femme était Accelena, l'époque à laquelle Pierre I occupait encore le siége de Sisteron doit être postérieure à cette dernière date.

Cette remarque a une certaine importance historique, parce qu'elle détruirait ce que Gioffredo, Bouche, les Sainte-Marthe, le père Colombi ont écrit au sujet de cet évêque de Sisteron, en se fondant sur la narration du *livre vert* de l'église de Sisteron (4). Cette ancienne chronique raconte que Raimbald aurait voulu établir sur le siège épiscopal de Sisteron son fils, encore jeune, à la mort de Pierre son oncle, *Ragobaldus miles valde dives emit episcopatum Sistaricensem filio suo parvulo, qui postea factum est Episcopus Vasionensis . . . . . . cum militibus suis et cum comitissa Forcalqueriensi invasit omnem honorem episcopalem et sic destruxerunt episcopatum ut vix episcopus in eo possit requiescere vel una nocte.* Puisque Pierre I, évêque de Sisteron, occupait encore ce siège en 1046 et que dès 1040 Pierre II était évêque de Vaison, on voit que l'opinion de ces différents historiens n'est pas soutenable. Il est pourtant possible qu'après 1046 Raimbald se soit emparé non-seulement des possessions de l'évêché de Sisteron, mais que Miron, son frère, se soit rendu maître de la juridiction épiscopale, qu'il aura ensuite transmise à ses enfants. Ceux-ci peuvent être les trois seigneurs de Sisteron, qui, vers 1080, transigèrent avec l'évêque, d'après cette même chronique de Sisteron.

C'est effectivement en 1055 que le pape Nicolas II dans le concile d'Avignon nomma Gerard II Caprerius (5) au siège de Sisteron; mais il ne paraît pas avoir pu reprendre dès lors les anciennes possessions épiscopales, car, lorsqu'en 1055 se trouvant dans les cloîtres du prieuré de Saint-Promas de Forcalquier, il faisait donation de Fontelane à l'abbaye de Saint-Victor, à la présence du comte de Provence et de Bérenger, fils de Bérenger, vicomte de Sisteron, il se sert des expressions suivantes: *si possessiones, terras terrenas, locaque sacra mihi commissa, potero fideliter procurare usibus fidelium. . . . .* (6); dans un autre acte de la même époque il répète encore: *si loca sacra possessionesque terrenas, fidelium usibus a Deo placitae orationis quietem singulariter ascriptas, fideliter procurare potuero et episcopalem exercere videor dignitatum. . . . .* (7).

---

(1) *Cart. de S. Victor,* 794.
(2) Id., 799.
(3) Gioffredo, *Storia* A. *M.*, p. 635.
(4) Le *Livre vert* de Sisteron paraît avoir été écrit vers 1500 par Laurent Barelli évêque de cette ville.
(5) *Cart. de S. Victor,* 659.
(6) Id., 680.
(7) Id., 660.

D'après ce qui précède, d'après l'expression même de *comtesse de Forcalquier*, évident anachronisme, on comprend que la narration du livre vert est inexacte.

Pierre, évêque de Vaison, fils de Raimbald, occupe le siége de cette ville dès 1040, comme nous l'avons dit; en 1044 il signe à la restauration de l'église et bourg de Saint-Promas ; vers 1051 il intervient au concile de Saint-Gilles. En 1073 il donne à l'évêque de Nice le château de Drap, avec tous ses droits et dépendances, terres, moulins, eaux, etc. (1).

Cette importante largesse donne un certain prestige à l'évêque de Nice. En 1156 celui-ci y tient un lieutenant avec le titre de vicaire et de châtelain; c'est Pierre Laugier, prêtre de Drap (2). De nos jours encore l'évêque de Nice porte le titre féodal de comte de Drap, qu'il n'eut qu'à une époque relativement moderne.

Vers 1092 le comte Ermengaud d'Urgel, mari d'Adélaïde de Provence, nommait l'évêque de Vaison tuteur de son fils Guillaume (3). Il doit être mort bientôt après. Sur son tombeau à Vaison était gravée l'inscription suivante : *Die Kal. sep. obiit P. episcopus. M. R. B.* (4).

XXI.

Rostaing vicomte.

Le plus jeune fils de Laugier porte le nom de Rostaing : il est appelé *Rostagnus iuvenis* dans la donation de 1032 à Saint-Véran (5) L'année suivante, 1033, on trouve son nom dans la donation faite par Lambert, Amic, Raimbald et Pierre évêque de Sisteron (6). Puis, en 1040, dans l'acte de cession d'un manse à Cagnes par Raimbald, on trouve parmi les témoins *Petrus episcopus frater eius*, *Rostagnus frater eius* (7). Pareillement à la donation de Trigance par Raimbald, vers 1042, ont signé Pierre son frère, Rostaing son frère.

C'est vers cette époque que Rostaing donna pour son propre compte à Nitard, évêque de Nice, les églises de Sainte-Marie et de Saint-Jean *de Olivo* (8), comme il résulte par l'acte de restitution qu'en fit dans la suite son propre fils Laugier Rostaing (9). L'évêque Archimbald en 1078 céda à l'abbaye de Saint-Pons une des églises *que est sita in territorio que nominatur Olivum, iuxta portum que nominant Fossas de Astingo* (10).

---

(1) *Cart. eccl. cath. Nicensis*, 82. La transcription qu'on en trouve par JOFR. *Nic. Civ.*, p. 162 et GIOFFR. *Storia A. M.*, p. 667 n'est pas complète.
(2) *Cart. eccl. cath. Nicensis*, 98.
(3) GIOFFR. *Storia A. M.*, p. 683.
(4) Id., p. 687
(5) *Cart. de Lérins*, p. 137.
(6) Id., p. 148.
(7) *Cart. de S. Victor*, 799.
(8) Maintenant églises paroissiales à Beaulieu et au port de Saint-Jean près de Saint-Hospice.
(9) *Cart. eccl. cath. Nicensis*, 6.
(10) JOFR. *Nic. Civ.*, p. 163. C'est probablement la petite anse *Les fosses*, au sud du port de Saint-Jean, qui devait appartenir à la famille Astengo. V. *Cart. eccl. cath. Nicensis*, 13, 94.

Rostaing paraît ensuite, vers 1057, dans la confirmation de la restauration de Saint-Promas de Forcalquier ; après Bérenger vicomte, Miron vicomte, Raimbald de Nice, il y a *Rostagnus vicecomes* ; l'ordre de ces signatures ne laisse aucun doute que le vicomte Rostaing ne soit le frère des deux précédents (1). Outre Rostaing, on trouve dans la même charte un personnage portant le nom de *Rostagnus Sigisteriscensis*. Les éditeurs du cartulaire de Saint-Victor disent que le premier était vicomte de Sisteron ; mais comme il se trouve dans cette charte deux vicomtes qui, d'après d'autres titres, le sont de Sisteron, il ne paraît pas probable que Rostaing soit un troisième vicomte de cette ville ; il pourrait l'être de Gap, où en 1057 nous trouvons un vicomte Pierre de Mison de la famille des seigneurs de Dromon, alliés d'Isnard et de Guillaume de Niozelle, qui signent dans cette même confirmation ; nous savons que la moitié de la juridiction de Gap appartenait à l'évêque ; il ne serait donc pas étonnant qu'un des vicomtes représentât l'autorité des comtes de Provence, l'autre la juridiction épiscopale. On peut cependant faire une seconde supposition, qui nous paraît être plus exacte, c'est que Rostaing fût vicomte de Nice, puisque nous verrons son fils y avoir les droits de *Castellania*, qui correspondaient à l'autorité vicomtale.

En 1067 il signe encore avec Miron à la donation de Rostaing de Val de Bloure (2).

XXII.

Les descendants du vicomte Rostaing et de son fils Laugier Rostaing cèdent à l'évêque de Nice leurs droits sur la ville.

Nous avons vu en 1047 Rostaing seigneur de Gréolières (3) ; nous avons dit qu'on doit l'identifier avec le vicomte Rostaing de 1057, troisième fils de Laugier ; examinons maintenant comment ce fief de Gréolières s'est conservé dans sa descendance et comment parallèlement la juridiction vicomtale se retrouve aussi en leur possession.

Rostaing a eu un fils qui a porté le nom de l'aïeul ; c'est *Leodegarius Rostagni*. Celui-ci, époux de Calamitta, avec ses enfants Aldebert et Bertrand, vers 1070, donne à Saint-Pons les biens et les hommes libres de Mérindol (4). C'est ensuite, vers 1075, que, de nouveau avec ses enfants Aldebert, Bertrand et un troisième du nom de Rostaing, il restitue à l'évêque Archimbald le manse que le comte Guillaume de Provence avait jadis donné à l'évêque Bernus (5). Il est encore

---

(1) *Cart. de S. Victor*, 659.
(2) *Cart. eccl. cath. Nicensis*, 9.
(3) V p. 42.
(4) Gioffredo, *Storia A. M.*, p. 614. La parole *carlans* du texte doit probablement s'interpréter pour *caslans*, hommes libres. Gioffredo donne cette charte sous l'année 1028, mais il faut la transporter à l'époque que nous indiquons à cause des témoins *Pons Ausan* et *Pierre de Episcopo*.
(5) *Cart. eccl. cath. Nicensis*, 15.

fait mention de tous ces personnages dans une charte de 1081 qui se rapporte au consentement qu'ils avaient prêté à une vente faite aux chanoines de Ste-Marie (1).

Laugier Rostaing se remarie avec Hermengarde; avec elle il cède à l'évêque Archimbald les dîmes, les paroisses, les vassaux, de Levens, du Villar, de la Roquette, de Mérindol (2). Nous trouvons parmi les témoins un Isnard de Reillane; aucun enfant n'est mentionné dans cet acte.

Gioffredo a cru que les fils de ce second mariage étaient Fredolus, Rodolphe, Aldebert, Isnard et Isoard, indiqués comme fils d'une Hermengarde dans le serment qu'ils prêtent à Raymond évêque de Nice (3).

En effet, dans notre cartulaire de la cathédrale on remarque une suite de trois serments successivement prêtés aux évêques de Nice Raymond, Isnard et Pierre (4).

Le premier de ces actes, que Gioffredo indique seulement, est la base de son assertion; assertion erronée, car il n'a pas considéré que les enfants d'Hermengarde prêtant un serment de fidélité, leur père devait être déjà mort sous l'évêque Raymond, tandis que Laugier Rostaing, mari d'une autre Hermengarde, vivait encore sous l'évêque Archimbald qui a siégé après Raymond. Calamitta aussi, sa première femme, vivait encore sous l'évêque Archimbald; par conséquent Hermengarde, dont les fils prêtent serment à Raymond, ne peut pas être la veuve de Laugier Rostaing; ses cinq fils ne sont pas les fils de Laugier Rostaing.

Cette Hermengarde doit être la veuve d'Amic ou de Guillaume, frères consanguins de Pierre évêque de Vaison, qui signent à la donation faite par Laugier leur frère aîné, fils de Raimbald, de la moitié d'Albasagne, Sainte-Marguerite et Colomas, dans l'ordre suivant: *Signum Leodegarii qui hanc donacione fecit et firmare rogavit. Signum Bertrannus filius eius. Signum Rostagnus frater eius. Petrus episcopus frater, Amicus frater, Willelmus frater* (5).

Nous sommes portés à faire cette supposition, parce que si l'évêque de Nice demandait un serment de sauvegarde et presque de désistement à certains seigneurs, c'est par la raison que ceux-ci pouvaient y revendiquer des droits; il faut donc les chercher parmi les plus proches parents du donateur de Drap. Or, dans l'acte de cette donation (6) on voit précisément les signataires suivants: Laugier (le Roux), Rostaing et Bertrand, frères de l'évêque; puis autre Bertrand, peut-être fils aîné de de Laugier; puis Francus, sans doute le fils de Rostaing; ensuite, après Hugues de Caderousse, vient le nom d'*Amicus*, suivi immédiatement par *Fredulus firmavit, Isoardus frater firmavit, Aldebertus firmavit, Rodulfus firmavit*; les noms que portent ces quatre seigneurs sont ceux des fils d'*Hermengarde*; le nom d'*Amicus*, qui précède le leur, est celui de leur père. Des arrangements de famille, survenus à la mort de Raimbald, auront probablement donné les droits sur Drap à Pierre et Amic; de là la nécessité pour les enfants de ce dernier de renoncer à toute prétention éventuelle sur un fief passé à l'église.

---

(1) *Cart. eccl. cath. Nicensis*, 20.
(2) Id., 7.
(3) Gioffredo, *Storia A. M.*, vol. I, p. 700.
(4) *Cart. eccl. cath. Nicensis*, 83, 84, 85.
(5) Id., 5.
(6) Id., 82.

Deux Hermengardes auraient donc existé contemporainement.

Laugier Rostaing, par son second mariage avec Hermengarde, doit avoir eu un fils du nom de Jausserand, tige des seigneurs qui portèrent le titre de Gréolières.

Nous verrons, en effet, qu'un *Gaucerandus Laugerii* a vendu en 1117 ses droits sur Nice à l'évêque (1); on remarquera, d'autre part, dans notre cartulaire une charte de cette époque relative aux dîmes de Levens, qui débute par les paroles: *Bertrandus Laugerii et Gaucerannus frater eius reddiderunt*. . . . . (2). Bertrand, fils de Laugier, a donc un frère Jausserand: *Bertrandus Laugerii et Gaucerandus Laugerii* sont donc deux frères *ex patre*, le premier fils de Calamitta, le second fils d'Hermengarde.

La famille de Gréolières, qui a formé une branche à part, depuis Jausserand, a transmis à l'église ses droits sur Nice.

Gioffredo nous avait indiqué une transaction à ce sujet, passée en 1152 entre Laugier de Gréolières, fils de Jausserand Laugier (3); mais ils paraissait ignorer les aboutissants de cette famille. Le cartulaire de l'église de Nice, que nous venons de publier, et les chartes originales des archives capitulaires, tracent nettement l'histoire de cette transmission et, en donnant un grand jour sur le régime féodal de Nice, ne laissent point de doute à cet égard: Laugier Rostaing, par son fils Jausserand, est la tige de la famille de Gréolières.

La première charte (4) qu'il convient d'étudier a les apparences d'un *vidimus* destiné à la production judiciaire ou à être conservé comme mémorial des droits de l'église qui s'y trouvent énumérés, droits féodaux, pâturage, mouture, port, lesde, châtellénie, tenanciers et services, que Laugier de Gréolières possédait à Nice au nom de l'évêque. Le titre primordial de ces droits s'y trouve pareillement enregistré.

La charte est dépourvue de toute indication chronologique, mais par ses caractères paléographiques elle paraît écrite à la moitié du XIIe siècle, à l'époque de la transaction pour ces mêmes droits. Les divers éléments que contient le *vidimus* sont les suivants:

1° Une note des tenanciers;

2° Cette même note de noms, moins 18 qui manquent, identiquement répétés, mais ayant à la suite de chaque nom l'indication des services en argent et en nature que paie le tenancier;

3° Une autre note de tenanciers et des services qu'ils paient;

4° Entre la seconde et la troisième note la légende suivante: *Laugerius de Graoleriis habet in Nicia hec suprascripta omnia pro ecclesia, habet etiam et hec subsequentia* (5);

5° Entre la première et la seconde note, et comme suite aux noms des tenanciers, les paroles suivantes: *mansionem ubi stat Bona de Arbaudo; medietatem*

---

(1) *Cart. eccl. cath. Nicensis*, 29, 30, 94, et doc. XVI, XVII.
(2) Id., 44.
(3) GIOFFREDO, *Storia A. M.*, vol. II, p. 77.
(4) *Cart. eccl. cath. Nic.*, 94 et doc. XVII.
(5) D'autres notes de tenanciers et des différents services et rentes de l'église de Nice se trouvent aux numéros 35, 36, 37, 38, 39 du cartulaire.

de pascherio et de letda de civitate de porcione Laugerii Rostagni de Niza; medietatem de condamina de la Bufa et de la condamina de Olivo, mansionem de Gundrada et duobus menses octuber et november dedit Laugerius Rostagni ad Conradus comes cum filia sua in castellania de Niza, per partem et per hereditatem;

6° La transcription de l'acte de cession de *Gaucerandus Laugerii* à l'évêque Pierre de tout ce qu'il possède à Nice: *quicquid in civitate Nicie et in appendiciis suis ex hereditate patris mei mihi pertinet;* la cession a été faite *in presentia Raymundi Berengarii comitis Barchinonensis;* en bas du *vidimus* se trouve: *Signum Raimundi comes.*

Tels sont les éléments de cette charte précieuse.

Les expressions que nous avons citées ci-dessus à l'article 5, quoique un peu confuses, prouvent cependant plusieurs faits essentiels.

D'abord que ce *Laugier*, père de Jausserand, est bien *Laugier Rostaing* de Nice, puisque c'est la part des différents droits qu'il possédait à Nice, qui est passée à l'église de Nice.

Ensuite, puisqu'il est ici fait mention des droits que Laugier Rostaing avait laissés à sa fille comtesse de Vintimille (1), pour indiquer qu'il faut les déduire de ce qui est cédé à l'évêque, il est essentiel de remarquer que Odila avait part aux droits de châtellénie sur Nice; or, comme Laugier a cédé la moitié de ses droits de pâturage, port et autres, c'est aussi la moitié des droits de châtellénie dont il s'agit, c'est à dire six mois, sous la déduction des deux mois d'octobre et de novembre, dote de sa fille.

Le second document relatif à la famille de Gréolières est l'acte de cession de **Jausserand**, fils de Laugier.

Il se présente ici un problème à résoudre, car il existe trois versions de cet acte, ayant entre elles de notables différences (2).

Ce sont: la copie insérée dans le *vidimus*, une seconde copie faisant partie du cartulaire et une charte des archives capitulaires qui paraît être l'original (3).

Ce dernier document a la date de 1117, qui manque aux deux copies.

Les principales variantes qui s'y trouvent consistent en ce que dans la copie du *vidimus* Jausserand donne temporairement en gage à l'évêque, pour le prix déboursé de 550 sous, *quicquid in civitate Nicie et in appendiciis eius ex hereditate patris mei mihi pertinet,* mais en cas de mort avant d'avoir remboursé l'évêque, l'église gardera ces droits *in perpetuum;* au contraire, dans la copie du cartulaire et dans l'original, Jausserand donne à l'évêque, *ut eam perpetuo iure possideat* et pour le même prix de 550 sous, la moitié de ses droits sur Nice, il ne remet l'autre moitié qu'à titre de gage, jusqu'à ce qu'il ait délivré de toute charge et de tous liens la moitié donnée; après sa mort, pourtant, l'église aura le tout; *post obitum quoque meum hec omnia eidem ecclesie supradicte ad integrum dono pro anima mea.*

---

(1) En 1082: *nos Conradus comes, filius quondam Conradi comitis et Odila iugalis filia Laugerii.* (*Cart. de Lérins*, p. 161).
(2) *Cart. eccl. cath. Nicensis*, 94, 29 et doc. XVI.
(3) Dans l'ancien inventaire de la cathédrale cette pièce portait le n. 86.

La somme fournie par l'évêque, qui dans une charte a la qualité de prêt, dans l'autre est le prix des droits cédés.

Si le fonds dans ces deux chartes est le même, la forme en est un peu différente ; ainsi aucun témoin n'est signé dans la copie du cartulaire, tandis que dans celle de l'original et du *vidimus* il y a des témoins identiques. Ce qui frappe davantage, c'est que le seul original manque du *signum Raimundi comitis*, qui est explicitement annoté dans les deux copies.

Les variantes s'entrecroisent donc de telle manière que la solution du problème paraît impossible, et on comprend parfaitement qu'en 1150 des difficultés puissent s'être produites à ce sujet entre le fils de Jausserand et l'évêque de Nice.

Pourtant, d'après l'exposé de la question qui se trouve dans l'acte de transaction, il est établi que Jausserand avait cédé ses droits en partie comme vente, en partie comme gage : *partim iure vendicionis concessit, partim pignori supposuit*. L'original et la copie du cartulaire paraissent donc mieux s'approcher de ces expressions.

Le troisième document relatif à la famille de Gréolières est l'acte de transaction dont nous avons déjà parlé à plusieurs reprises. Il est transcrit dans le cartulaire et les archives du chapitre en conservent l'original (1). C'est une charte partie, à laquelle on voit encore les traces du cordon qui soutenait le sceau. Laugier de Gréolières transige avec l'évêque Arnald et lui cède les droits, *honores*, sur Nice que son père Jausserand, fils de Laugier, avait jadis donnés à l'évêque Pierre : *totum illum honorem quem pater eius Gaucerandus Laugerii Petro episcopo ... partim iure vendicionis concessit, partim pignori supposuit*.

Laugier prête serment à l'évêque de Nice en promettant aussi de respecter les droits de l'église sur Drap et de les défendre au besoin ; celui-ci en donne l'investiture, *hac virga laudando cum investimur*. La transaction a lieu au port de Cagnes, en présence des évêques d'Antibes et de Vence, de Raimbald homme de loi, *legifero*, de Nice, et de plusieurs autres personnages. Ils s'en vinrent à Nice, et le lendemain, veille de Noël, devant le portail de la cathédrale, Laugier renouvela le serment en présence des consuls Raymond Sérène, Foulque Badat, Franc Raimbald, Foulque Ugoleni, ainsi que de plusieurs personnages, tant ecclésiastiques que séculiers, d'Arnald bailli de l'évêque et d'Iterius son écuyer. Fait suite la liste des vassaux que Laugier tiendra au nom de l'église : *isti sunt homines quos Laugerius de Graoleriis habet pro ecclesia et episcopo Nicensi* . . . . . Plus de soixante sont nommés.

Cette liste des vassaux de la famille de Gréolières et de l'église, ainsi que celle des tenanciers de l'autre charte, présente un notable intérêt historique, car, parmi les noms qui s'y trouvent, plusieurs appartiennent aux premières familles consulaires de Nice.

On trouve dans l'une les noms de Paul Raimbaldi, consul en 1146, et de Guillaume Raimbaldi, consul en 1151 ; dans l'autre charte ce sont Jourdan Riquieri dont la famille peu d'années après possèdera le fief d'Eze (2), lui-même est

---

(1) *Cart. eccl. cath. Nicensis*, 30 et doc. XVIII.
(2) V. Cais de Pierlas, *Testament de Jourdan Riquieri au XII siècle*.

consul de Nice; Guillaume son frère, consul en 1164; leur neveu Pierre, consul en 1189; Foulque Badat et Raymond Serena, consuls de Nice dans l'acte même de transaction et en 1164; Guillaume Ricardi en 1146; Bertrand Cebaldi en 1164; Pierre Aldebrandi et Pierre Ricardi, consuls en 1157 (1); Pons Gisberni, consul en 1158; Foulque Travache, d'une famille de Roquebrune, dont nous trouverons Guillaume, consul de Nice en 1184.

On voit, par l'importance personnelle des vassaux, quelle devait être celle des seigneurs. Laugier de Gréolières devait bien être de la famille vicomtale de Nice.

Un corollaire important dérive du document que nous venons d'examiner: les droits de *castellania* (2) que Laugier, fils de Rostaing, avait jadis possédés, correspondent à l'autorité *vicomtale* dont devait être investi Rostaing son père, qui portait le titre de vicomte, et à celle du *rectorat*, de Laugier son aïeul, dont nous nous sommes occupés.

En résumé, par toutes les chartes relatives aux droits de l'église de Nice on établit distinctement la filiation de la famille:

1° *Rostaing*, vicomte, père de Laugier, *Leodegarius Rostagni;*

2° Laugier, *Leodegarius Rostagni*, père de Odila, comtesse de Vintimille et de Jausserand, *Gaucerandus Laugerii;*

3° Jausserand, *Gaucerandus Laugerii*, père de Laugier;

4° Laugier, *Laugerius de Graoleriis . . . pater eius Gaucerandus Laugerii*, qui en 1152 transige avec l'évêque.

XXIII.

Raimbald de Nice fils de Laugier le Roux et les seigneurs d'Apt.

On a vu, il y a quelques pages, que les fils de Laugier le Roux étaient Bertrand et Raimbald. Ce dernier doit être le *Raimbaldus Niciae*, mari de Rixende d'Apt, dont parlent deux chartes du cartulaire d'Apt (3), très importantes pour l'histoire de Nice, que nous examinerons; elles nous indiquent les relations que les puissants seigneurs d'Apt et d'Agout avaient dès lors avec notre contrée.

Nous ne sommes pas éloignés de croire qu'à l'instar de plusieurs autres comtés de Provence, la seigneurie d'Apt fut partagée entre l'évêque et les seigneurs séculiers.

Parmi les raisons de cette croyance nous citerons un document de ce beau cartulaire où vers 1050 Pons Bot, avec Pierre son fils, donne certaines possessions qu'il a acquis *partim ex successione parentum et propinquorum, partim ex compara-*

---

(1) *Cart. eccl. cath. Nicensis*, praef. p. XVIII.
(2) *Vicecomes interdum, idem qui Castellanus.* DUCANGE, p. 88 et 200. *Le Châtellénage était l'alternative de la Vicomté.* BRUSSEL, *De l'usage général des fiefs*, p. 712.
(3) *Cart. Aptense*, f. 6 r.° et 7 v.° doc. XIV et XIX.

tione quam adquisivi proprio labore, soit les manses qui appartenaient à son frère Geboin, *per voluntatem seniorum meorum, idest Alfanti episcopi et Rostagni et Guillelmi fratris eius* (1).

Nous citerons encore la concession faite en 907 par l'évêque Nartold à Rotbert et Varaco, *fidelibus suis*, de plusieurs terres très importantes qui appartenaient à son église, sises à *Prataleoni*, *Torrizello*, *Petrolas*, *Calvisas*, *Casanova*, *Rius*, *Juncarias*, et surtout le château de *Saignon*, très proche d'Apt et le plus important du comté (2).

Finalement sous l'évêque Teudric (989-1010) une tour d'Apt portait le nom de *Turris episcopalis* (3).

Après la famille de Rotbert et de Varaco, dont nous avons parlé au sujet des sires de Castellane, la famille plus considérable d'Apt est celle qui remonte à Humbert; il est déjà question de lui vers 978; Garaco lui concède divers droits à *Casanova*, *Calvisias*, *Argallo*, *Gargatio*, *Gurgis*, *Clavasiana*, *Baxo*, *Lausnava*, *Ursianicus* et *Bonilis* (4); on lui donne le titre de *très noble* dans une charte de 1006, par laquelle un prêtre Arnaldi donne à l'église un manse qui lui vient *ex parte seniori meo Imberto viro nobilissimo* (5). En 1005 Humbert fait à son église des donations à *Interrivis*, *Gutilone*, *Sarriana*, *Sarpalianicis*, *Pineto*, *Vegnis* (6). En 1008 il fait d'autres donations à *Interrivis*, *Campanias*, *Sardonicis*, *Celeirana*, *Vuttilone*, *Serriana*, *Sarpalianicis*, *Pineto*, *Vegno*; ont signé à cet acte: *ego Mauris* (7) *et filius meus Willelmus, mandante Umberto* (8). Nous apprenons ainsi les noms de la femme d'Humbert et de son fils Guillaume. C'est le *Willelmus filius Humberti, senior meus*. dont parle Rodulphus Grammaticus (9); c'est le *Willelmus filius Umberti*, témoin en 1018 dans le cartulaire de Saint-Victor (10); c'est lui qui, vers 1031, avec sa femme Adélaïde, fait donation de certaines possessions sises dans les comtés d'Apt, de Cavaillon et au château d'Agout, avec le concours de sa mère, *Inauris mater Willelmi*. Adélaïde est fille du *quondam Bonifatii de Rellana* (11). Les enfants de Guillaume sont: Rostaing, Guillaume, Constance, Inauris (12). L'acte se passe au château de Simiane, qui donnera plus tard le titre à une branche de la famille (13).

Une autre donation de Guillaume, où sont signés son fils Rostaing et Gisla, femme de ce dernier, se passe au château même d'Agout (14).

---

(1) *Cart. Aptense*, f. 34 v°, *De fraternitate Poncii Boti*.
(2) Id. f. 5 r.°, *Carta Sagnonis de praestaria*, et doc. IX.
(3) Id. f. 16, *Carta de decimo Lautardi et de turre episcopali*, et doc. III.
(4) Id. f. 10 r°, *Carta de Garaco quam fecit Umberto pro honore quem dedit pro forifacto*, et doc. IV.
(5) Id. f. 36 v°, *Carta de manso Arnaldi sacerdotis*.
(6) Id. f. 22 v°, *Carta de honore S. Saturnini et Vegnis*.
(7) Le nom est ainsi écrit, mais il y a tout lieu de croire qu'il s'agit d'une incorrection du Cartulaire et qu'il faut lire *Inauris*, comme nous le voyons dans le cartulaire de Saint-Victor.
(8) Id. f. 32 v, *De Interrivis et Vegnis*.
(9) Id. f. 13, v°, *Honor Rodulphi Grammatici*.
(10) *Cart. de Saint-Victor*, 226.
(11) Id. 657.
(12) Inauris épousera Hugues de Baux.
(13) *Guirandus de Simiana* en 1156 (*Cart. de S. Victor*, 967).
(14) Id., 428.

Vers 1055 autre donation de Rostaing, de sa femme Gisla et de leurs nombreux enfants; l'acte se passe cette fois *in civitate Aptensi* (1).

Rostaing et Guillaume ont peut-être obtenu à cette époque une partie de la juridiction comtale sur la ville par l'évêque; dans la donation que fait en 1056 l'évêque Alphante du manse de David à Tourrette (2), territoire de Saint-Pierre (3), il parle: *duorum fratrum meae civitatis principum, scilicet Rostagni et Guillelmi* (4). Ils étaient donc, en ce moment, considérés comme principaux seigneurs d'Apt.

On peut se faire maintenant la demande: Qui est cette Gisla, femme de Rostaing d'Apt?

Les généalogistes qui nous ont précédé avaient déjà indiqué Raimbald de Nice comme son père, en s'appuyant sans doute à un document rapporté dans le Gallia (5). C'est celui que nous avons trouvé dans le cartulaire d'Apt, où, en 1041: *Ego Rostagnus filius Adalais et uxor mea Gisla una per voluntatem nostrorum filiorum qui vocantur Umbertus, Raiambaldus, Raimundus, Laugerius, Guillelmus, Bertrannus, donamus... unum mansum in quodam castello quod dicitur Barretum, quod est in comitatu Guapincensi, et dedit illud mihi Raiambaldus socer meus cum filia sua Gilla* (6).

Ce qui n'avait pas été remarqué jusqu'à présent, c'est que la seigneurie de Tourrette de Nice appartenait à Rostaing d'Apt par la même origine dotale, comme le prouvent deux autres documents. D'abord une charte du cartulaire de Lérins, intitulée: *De Torretas que est in episcopatu Nicensis* (7). Rostaing (vers 1060) donne à Saint-Honoré, à l'abbé Adalbert, à son fils Bertrand, le quart du château et village de Tourrette, toutes les églises qui en dépendent, Bermond et ses manses, ainsi que la *meditaria* (8) que Raimbald lui a donné avec sa fille. Alphante, *episcopus Aptensis*, est témoin à la donation; ce qui vient à l'appui de notre assertion. Quant à Bertrand, fils du donateur, il devait déjà être moine de Lérins; il y vivait peut-être encore en 1109, à un âge très avancé, et portait le nom de *Bertrannus d'Agolt* (9).

Le second document (10) est une charte, déjà citée, que nous avons trouvée dans un vieux manuscrit de la fin du XVIIe siècle et qui fait aussi partie du cartulaire d'Apt (11): vers 1113, Laugier évêque d'Apt (12) faisant échange de plusieurs fiefs qui lui appartenaient, donne aussi *medietatem cuiusdam castri, quod est situm in Niciensi episcopatu quod vocatur Turritas, quod contigit mihi ex parte matris meae..... et hoc dono uxori Raibaldi et filio suo Leodegario et filiae, uxori Wil-*

---

(1) *Cart. de S. Victor*, 427.
(2) Probablement *Les Tourrettes*, Vaucluse, com. d'Apt.
(3) L'abbaye de S. Pierre dans le comté d'Apt.
(4) *Cart. Aptense*, f. 31 r° et v°, *De manso Davidis in Turrita*.
(5) *Gallia C.*, vol. 1, instr. p. 73.
(6) *Cart. Aptense*, f. 15 r., *Carta de manso Barreti*.
(7) *Cart. de Lérins*, p. 157.
(8) Le cartulaire a fautivement *medicaria*.
(9) *Cart. de Lérins*, p. 100.
(10) Doc. n. XIX.
(11) *Cart. Aptense*, f. 6 r°. et v°, *Carta permutationis Turritarum et Sagnionis*.
(12) Fils de Rostaing et de Gisla.

lelmi Talonis.... (1). Les différents rapprochements que nous indiquons ne laissent aucun doute à notre assertion que Tourrette de Nice appartenait, dès la moitié du XI° siècle à la puissante famille des seigneurs d'Apt.

Laugier, fils de Rostaing, devenu évêque d'Apt a été un des plus insignes bienfaiteurs de son église, en rachetant les terres qui jadis lui appartenaient.

C'est Tortamolle, un des châteaux de Saignon, qui faisait partie de la dote de Rixende (2) femme de Raimbald de Nice (3) et de leurs enfants; il leur a donné en paiement la moitié de Tourrette, son héritage allodial, et 400 sous de Melgueil: *uxori Raiambaldi Niciae, Ricsen, et filio suo Leodegario et filiae suae Ponciae et Willelmo Talun suo genero, medietatem Turritarum, meam quidem hereditatem et allodium dedi* (4). C'est ce qu'on lit dans un des documents du manuscrit dont nous avons parlé et qui fait aussi partie du cartulaire d'Apt (5). Pour Crugeria (6), il donne à Aldebert Geraco et à son fils Guillaume (7) 1300 sous de Melgueil: il obtient pour cet échange le consentement de tous les milites de Saignon, Aicard et son frère Geoffroi, Datil et ses frères, Austan de la Tour, les fils de Pons Buzot, lesquels, *quia concesserunt, magnam partem meae pecuniae habuerunt*.

Cette restitution des biens qu'il fait à l'église obtient la sanction de sa belle-sœur Sanche et de ses fils Guirand (8) et Bertrand: il leur donne la moitié du château de Gordes et la grande tour d'Apt qui lui vient par son père (9); ensuite il leur donne le ¼ du même château *pro medietate Turritarum..... cuius medietatis usque nunc possessores fuerunt Raimundus Aicardi* (10) *et frater eius Gaufredus* (11). À ces deux derniers frères il donne le château de Saignon en compensation: *ego Leodegarius episcopus Aptensis cambio castellum Mejanum totum Sagnonis et illam tertiam partem quae pertinet illi castro..... dono istud castrum Raimundo et Gofredo fratri suo..... pro cambitione feudi quod habebant in Turritis* (12). Nous trouvons ce Raimundus Aicardus et son frère Gaufredus, ainsi que Ripertus de Bonilis (13) signant comme témoins à une charte de Saint-Victor (14) où *Pontius Faraldi* donne l'église de Saint-Symphorien de Clermont; à la fin de l'acte on trouve l'annotation:

---

(1) *Guilelmus Talona* fils de Pierre Isnardi seigneur de Villevieille de Châteauneuf au comté de Nice. (*Cart. eccl. cath. Nicensis*, 3, 23).
(2) Rixende fille de Rostaing d'Agout et de Gisla de Nice.
(3) Gioffredo commet une grande erreur en confondant *Raimbald de Nice* avec *Raimbald d'Orange* et en donnant à ce dernier Rixende pour femme. Il s'agissait de deux cousins. Un demi-siècle plus tard, en 1163, on trouve encore à Marseille un Raimbaldus de Nicea. (*Gallia C.* vol. I, p. 113).
(4) V. Doc. n. XIV.
(5) *Cart. Aptense*, f. 6 v° et 7 r°, *Donatio de Sagnione a Leodegario*
(6) Probablement La Roujère, hameau en Saignon.
(7) V. chapitre VI, p. 25.
(8) Tige de Simiane. Cfr. *Cart. de S. Victor*, 967 et *Gallia C.* chartes de l'église de Vaison en 1173. Le fils de Guirand de Simiane porte en 1184 le nom de Raymond d'Agout.
(9) *Cart. Aptense*, f. 9, r° et v°. *Permutatio Gordas et Turritarum. Donatio castri Gordae*
(10) En 1033 un *Aicardus de Sagnone* avait été témoin à la donation de S. Véran par Lambert et Raimbald de Nice. (*Cart. de Lérins*, p. 128).
(11) *Cart. Aptense*, f. 9 et doc. XIX et XXI.
(12) Ce château de Tourrette ne paraît pas être celui de Nice, mais celui d'Apt, v. doc. XXII.
(13) Il signe comme témoin à une donation de Laugier II à Ricard abbé de S. Victor pour certaines églises de Bonils (*Cart. S. Victor*, 434).
(14) *Cart. de S. Victor*, 482.

Facta carta huius donationis anno millesimo XLIII *vivente Laugerio Aptensi episcopo.*
C'est évidemment une erreur du copiste, car il s'agit ici de Laugier II à cause des témoins (1).

Il n'oublie pas cependant sa famille; il cède à ses neveux, fils de Raimbald et de Sancia, *quantum Bonifacius de Rellana in villa quae vocatur Torrita in feudum habuit.....* il leur donne en sus les honneurs qu'il tient de Rostaing son père à Gordes, Sorgues, Gargaie, Caseneuve, Châtillon et sa part de la ville d'Apt (2). En 1130 il leur cède en fief le château de *Crugeria*, comme son frère Rostaing l'avait reçu d'Aldebert de Mujoul (3). L'acte de cette cession nous est fourni par le cartulaire: Aldebert, fils de Dilecte, concède à Rostaing d'Agout, fils d'Adélaïde, la *quaslania* du château de Saignon; celui-ci et ses frères Humbert, Raimbald, Raymond et Laugier lui prêtent serment de fidélité (4). Cet acte nous démontre que Rostaing devait avoir épousé en premières noces une Adélaïde. Nous citerons encore une charte assez intéressante: celle où l'on trouve le serment que ses neveux lui prêtent pour le château de Clermont (5).

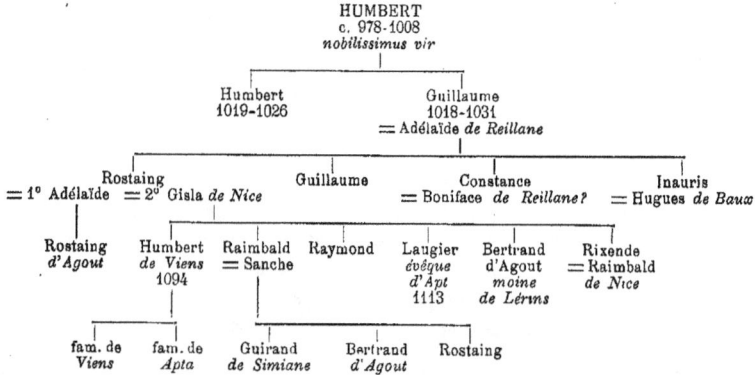

Le cartulaire de S. Victor contient de nombreuses chartes relatives à ces seigneurs. Nous en avons indiqué les principales, comme nous l'avons fait pour celles du cartulaire d'Apt. Nous croyons d'avoir ainsi tracé d'une manière précise la filiation de cette famille pendant un siècle et demi et d'avoir démontré ses alliances avec les vicomtes de Nice et leurs possessions sur notre territoire.

---

(1) M. de TERRIS, dans son *Histoire des évêques d'Apt*, p. 30, n'a pas relevé cette erreur; c'est cependant le seul document qu'il cite pour prouver l'existence de cet évêque, qui pourtant a siégé vers cette époque. Cfr. *Cart. Aptense*, f. 36. *Honor de Jocas*.
(2) *Cart. Aptense*, f. 9 v°. *Donatio caslaniae Crugeriae*.
(3) Id., f. 9 r°. *Donatio de la Crugera*.
(4) Id., f. 8, doc. VIII. *Sacramentum Aldeberti de Sagnone*.
(5) Id., f. 10 r. et doc. XXIII. *Sacramentum Claris montis*.

XXIV.

Les seigneurs de Reillane à Nice.

Cette famille vassale des seigneurs d'Apt, était alliée elle aussi aux vicomtes de Nice et souvent on les rencontre comme témoins dans les chartes qui regardent notre contrée.

Ces seigneurs remontent à Lambert, juge du comté de Provence en 977. Sa femme s'appelle Galburge. C'est ce que nous apprenons par une charte de Cluny rapportée dans le Gallia : en 1013 Boniface, fils de Lambert et de Galburge, donne certains biens à Pertuis (1). Sa femme est Constance. Ils ont eu plusieurs fils : Raimbald, archevêque d'Arles, Boniface, Boson, Atanulphe, Foulque, Laugier, Adélaïde (2).

Boniface est marié avec Mathilde (3) ; Boson, mari de Constance, est déjà mort en 1042 ; il a deux fils : Boniface de Ceyreste, marié à Odila, probablement fille de Raimbald de Nice, et Boson, mari d'Ermengarde (4) ; Atanulphe, déjà mort en 1045, a un fils qui porte le nom de son grand-père, Boniface (5), ce dernier, marié à Guandalmois, est le père de Atanulphe, Guillaume, Rostaing, Pierre, Boniface et Guide (6) ; Foulque a deux fils : Arnulphe et Aicard (7) ; Adélaïde a épousé Guillaume, dont elle a Inaurs (8) ; Boniface de Reillane, fils d'Atanulphe, est probablement celui qui avait reçu de l'église d'Apt le fief de Tourrette que Laugier, évêque de cette ville, concéda ensuite à Guirand de Simiane et Bertrand d'Agout (9).

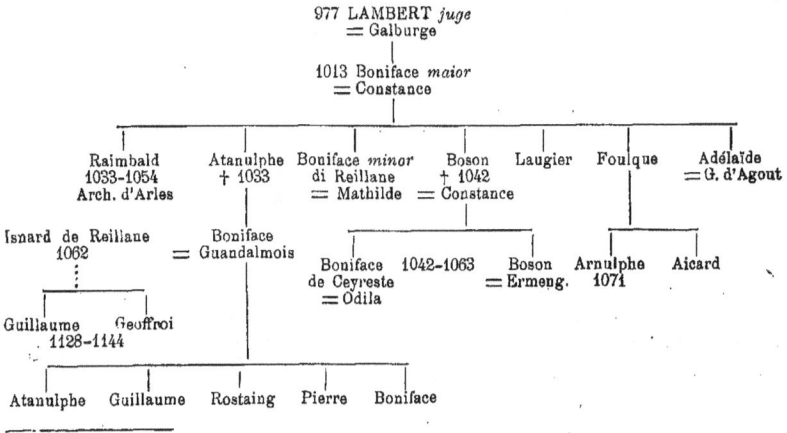

(1) *Gallia C.* vol. I, p. 509 et *Bouche*, vol. II, p. 57.
(2) *Cart. de S. Victor*, 101, 417, 418.
(3) Id., 424, 57, 59, 405.
(4) Id., 63, 413, 1071. *Cart. de Lérins*, p. 148.
(5) Id., 58.
(6) Id., 411, 1071.
(7) Id., 66.
(8) Id., 657.
(9) *Cart. Aptense*, f. 9, r°. *Donatio castlaniae Crugueriae.*

Plusieurs chartes des cartulaires de Lérins et de Nice nous démontrent les relations de la famille de Reillane avec notre ville. En 1062 Isnard et Gérin de Reillane sont témoins à la donation de Raimbald de Nice (1): c'est le même que *Isnardus Reilania*, qui assiste à la donation des dîmes de Levens faite vers 1075 à l'église de Nice par Laugier Rostaing (2). Par leurs alliances avec les familles seigneuriales de Nice ils ont acquis des droits dans notre contrée; ainsi en 1128 Guillaume et Geoffroi de Reillane sont qualifiés petits-fils de Guillaume Jausserand seigneur d'Antibes: ils s'accordent avec l'abbé de Lérins au sujet du château de Mougins que leur grand-père avait cédé à l'abbaye, et renoncent aux usurpations et aux violences qu'ils y commettaient. Raymond Bérenger comte de Provence assiste en personne à cette convention (3). Ce même Guillaume de Reillane est témoin dans une autre convention entre Lérins et les seigneurs de Briançonnet parents des Castellane-Thorame (4). Il est aussi question de lui en 1139 dans la charte qui contient la bulle du pape Innocent II, qui partage certaines églises et redevances entre l'évêque d'Antibes et l'abbé de Lérins. Il devra veiller avec d'autres seigneurs à l'exécution de ces dispositions (5). Nous avons dit dans les chapitres précédents que Raimbald de Nice est témoin à une donation d'Adélaïde fille de Boniface de Reillane (6). Boniface, nous l'avons vu plus haut, a pour femme Constance; elle serait probablement la fille de Guillaume d'Agout (7). Sa sœur Inauris, dont il est question dans les mêmes chartes, avait épousé Hugues de Baux comme nous l'avons prouvé en parlant de cette famille; l'autre Constance de Reillane, femme de Boson, était peut-être de la famille vicomtale de Marseille, à cause du titre de Ceyreste que portent ses enfants, ce fief étant une dépendance de ces vicomtes (8).

XXV.

Les seigneurs de Dromon et les vicomtes de Gap.

La généalogie des seigneurs de Dromon peut se suivre pendant tout le XI siècle d'après une vingtaine de chartes du cartulaire de Saint-Victor, qui nous en tracent d'une façon indiscutable les ramifications. Ils sont avant tout seigneurs de Dromon Saint-Geniez, village à côté de Sisteron, mais à cette époque appartenant au comté

---

(1) *Cart. de Lérins*, p. 142, 347.
(2) *Cart. eccl. cath. Nicensis*, 7.
(3) *Cart. de Lérins*, p. 96.
(4) Id., p. 200.
(5) Id., p. 298 et introd., p. XIV. La charte originale ne contient pourtant pas ce passage.
(6) *Cart. de S. Victor*, 657.
(7) Id. 425, 428.
(8) Id., 98, 100.

de Gap (1); ils portent la qualification de *seniores* (2), titre fort important dans ce siècle; ils deviennent vicomtes de Gap, peut être même sont-ils la tige des comtes de Die; ils possèdent les fiefs de Fos-Amphoux, de Niozelle, de Volone, de Mison, de Chorges, de Gigors, de Thoard, de Faucon, de l'Escale, de Beaudun; les comtes de Provence interviennent dans leurs actes; ils signent eux-mêmes dans plusieurs chartes des vicomtes de Sisteron et de Nice; ils les accompagnent dans nos Alpes et s'y établissent.

La juridiction de Dromon, fief principal de la famille, devait se partager entre ces seigneurs, relevant directement des comtes de Provence et l'évêque de Gap. Ce dernier, comme la plus part des évêques de la région, avait une grande part à la seigneurie de son diocèse. L'ancien bréviaire de Gap contient les paroles suivantes: *Cum Vapincensis civitas et terrae circumpositae a Sarracenis detinerentur, quidam Guillelmus nomine, Deo adiuvante, devicit Sarracenos predictos; qui quidem comes medietatem civitatis Vapincensis predictae Deo et B. Mariae ipse et alii eius consortes, pro animabus ipsorum, dederunt* (3). En effet. nous trouvons Ferald évêque de Gap concédant, vers 1010-1040, à Guillaume de Dromon 10 neuvains de la juridiction, *in feudo de Dromo, quas tenuerat et possederat. Praeterea concessi ei decimam carnium et vini et receptionem feudi, quamdiu dictus Willelmus* (4) *de feudo collecto Vapicensi episcopo sufficienter respondebit* (5). Cette première charte relative à Dromon se trouve parmi celle de l'abbaye, parceque en 1030 l'église de Saint-Geniez de Dromon, avec tous les droits qui en dépendaient, passa en sa possession par donation de ce même évêque (6). Ce qui prouve encore que l'évêque partageait la coseigneurie de Dromon est le fait de trouver dans cette charte, après la signature des chanoines de Gap, celle des principaux seigneurs de Dromon et parmi eux Feraud de Vallavoire, Isnard de Volone, Isoard de Mison et Waldemar son frère, Hugues de Dromon et Bernard son frère.

Ce fut le commencement d'une longue suite de largesses faites par ces seigneurs qui enrichirent successivement l'abbaye de Saint-Victor soit à Dromon, soit dans les differentes terres sur les quelles s'étendait leur juridiction.

En effet vers 1030 l'abbaye obtient le *pascuum et patuum per totum territorium de Dromone*, ainsi que les mêmes droits sur les territoires de la Pène, Vallavoire et Châteaufort (7).

Les seigneurs de Dromon qui sont nommés les premiers dans la charte portent

---

(1) C'était probablament l'ancienne cité de *Theopolis* d'après l'inscription qui s'y trouvait. V. La PLANE, *Histoire de Sisteron et Bouche*.

(2) *Cart. de S. Victor*, 714, 718.

(3) FAUCHÉ-PRUNELLE, *Essai sur les anciennes institutions autonomes ou populaires des Alpes Cottiennes-Briançonnaises*, vol I, p. 240.

(4) Ce Guillaume de Dromon ne serait-il pas Guillaume fils de Miron et d'Odila, mentionné dans une charte du cartulaire de la cathédrale de Nice en 1018? De même Bermond de Dromon tige d'une autre branche des seigneurs de Dromon ne serait-il pas l'autre Bermond fils de Odila? Dodo qui est témoin dans cet acte ne serait-il pas Dodon le père de Waldemar de Fos et de Tavernes, coseigneur de Dromon? (*Cart. cath. Nic.*, n. 11).

(5) *Cart. de S. Victor*, 981.

(6) *Id.*, 712.

(7) *Id.*, p. 714.

les noms de *Galtemarus, Ysoardus frater eius et Ugo :* ce sont trois frères. Les deux premiers ne peuvent être confondus avec les seigneurs de Mison qui portent le même prénom dans la charte précédente, car dans celle-ci Waldemar est l'aîné, dans l'autre c'est Isoard ; quant à *Ugo*, ce doit être Hugues de Dromon frère de Bernard, dont il est question dans la charte deja citée ; *Hugo Dromonensis firmavit, Bernardus frater eius firmavit* (1) ; nous avons donc ici quatre frères, Hugues de Dromon, Bernard, Waldemar et Isoard.

Ces deux derniers sont encore qualifiés de frères et de nouveau nommés en tête de l'acte de donation d'un territoire très étendu allant de Saint-Geniez de Dromon à Chardavon et de deux manses dans ce même lieu (2). Dans la première partie de la charte on les trouve indiqués comme *Waldemarus Forsanus et frater suus Isoardus ;* la seconde partie, où il est question des manses, débute par les paroles *Galdemarus supradicti*, sans la qualification de *Forsanus ;* tandis qu'au prénom d'*Isoardus* se trouve ajouté le nom de *Cais*. Ils sont qualifiés *de seniores*.

Le nom de *Forsanus*, que porte le frère aîné Waldemar, n'est pas un surnom, mais le nom du fief, soit de *Fors* (Foz-Amphoux), près de Tavernes, arrondissement de Brignolle, anciennement du diocèse de Senez (3). On pourrait facilement l'identifier avec Waldemar, qui, avec Dodon son père, se trouve aussi à Tavernes en 1033 comme témoin à la donation de Belieldis d'Antibes (4). Un demi-siècle plus tard, en 1097, on trouve encore à Tavernes Hugues de Fors et Guillaume son frère (5). Peu d'années après, en 1115, Guillaume de Fors reçoit du comte de Provence l'ordre formel de restituer à Saint-Victor les biens de Tavernes qu'il a empiété (6).

Quant à Isoard Cais, frère cadet de Waldemar Forsan, quels peuvent être ses descendants ?

Nous avons vu plus haut qu'il avait un frère portant le nom de Bernard ; or, vers 1050 on connaît précisément l'existence d'un Bernard Cais, *Bernardus Caixus*, témoin à la donation de Rostaing, seigneur de Val de Bloure (7). On pourrait donc supposer qu'Isoard ait été la tige des Cais de Sisteron (8), dont une branche, maintenant éteinte, aussi venue de Sisteron (9), a eu le vicomté de Demonte en Piémont vers la moitié du XVIIe siècle (10).

---

(1) *Cart. de S. Victor*, 712.
(2) Id., 718.
(3) De la même manière dans une charte de S. Victor (267) Amelius de Fossis est appelé Fossanus.
(4) *Cart. de S. Victor*, 631, 634, cfr. 496, 511 et *Cart. de Lérins*, p. 49.
(5) Id., 619.
(6) Id., 806.
(7) Cf. p. 28 et doc. XI.
(8) En 1368 François Cais conseiller de la ville de Sisteron (*Arch. de Sisteron*). En 1562 Bernard Cais juge royal de Sisteron (*Arch. de Sisteron*). En 1666 Claire de Cais, veuve de M. de Gaubert coseigneur de Dromon (*id.*). En 1748 Joseph de Cais seigneur de Claret (*Arch. de Marseille*). En 1770 Joseph de Cais est seigneur de Claret, Villar, Sigoyer et autres lieux (*Arch. de Gap*).
(9) Lettres de naturalisation aux deux soeurs Anne et Isabelle Cays de Sisteron qui habitent Demonte depuis plus de 25 ans. (*Archives de la cour des comptes de Turin*, contrôle).
(10) Par le mariage de Charles Cays, fermier des rentes du marquisat de Centallo, de Demonte et de Roquesparvière, avec Eléonore de Roux de Sigoyer, dont la mère était héritière des Bolleri, vicomtes de Demonte (Turin, *Arch. de la Cour des comptes*).

Bernard son frère serait la tige des Cais dans les Alpes Maritimes (1).

Une seconde famille portant le titre de *Dromon* est celle des Bermond ; nous voyons *Hebermonus*, qualifié dans la suite du même document comme *Bermonus de Dromone* ; il a pour femme *Aialmos* (2). Dans un autre document il est nommé *Bremondus Montanus*, sa femme est *Agelmois*, leurs enfants sont : Isnard, Bermond, Pierre (3). Ensuite, une autre charte nomme *Bermondus filius quondam Aialmus de Dromone* (4).

Une autre branche de ces seigneurs est celle de *Feraldus et Eramcrius de Toard*, que nous trouvons ailleurs sous le nom de *Faraldus de Toardo* (5).

Une quatrième branche qui a eu de notables relations avec Nice est celle de Volone. Isnard de Volone prend part à la grande donation de Dromon en 1030 ; sa femme s'appelle Dalmatia (6). Dans une autre donation, où paraît le comte Bertrand de Provence, on trouve ce même Isnard de Volone et ses fils Geoffroi et Isnard (7). Une autre charte nous donne encore *Autrigus et Isnardus de Volona* (8). Cet Autrigus pourrait être le père de Pierre Autrigus, qui en 1057 signe avec Isnard de Niozelle, des seigneurs de Dromon, à la donation de Contes près de Nice, faite par Miron vicomte de Sisteron (9).

En 1060 Pierre de Volone, fils d'Isnard et de Dalmacia, donne à Saint-Victor son corps, son âme, l'aleu qu'il possède à l'Escale et à Beaudun (10). Par une autre charte, ayant la date du 16 mars 1064, il donne des biens à Dromon, à Volone, à Mandamnus : *ego Petrus de Volona cuius pater Isnardus dictus est, mater vero Dalmacia vocabatur* ; à la fin de l'acte il signe *Petrus Isnardi* (11).

Or, nous trouvons en 1108 les seigneurs de Villevieille de Châteauneuf *Isnard*,

---

(1) De Bernard Cais descend *Gauffridus Caysus* qui en 1256 est représentant de Val de Bloure dans la transaction entre les seigneurs et le prieur bénédictin de S. Dalmas qui dépendait de l'abbaye de Pédone ; c'est à lui que remonte la généalogie de la famille Cais de Pierlas. La famille Cays de Gilette, d'après les généalogies publiées, aurait une origine différente ; sa filiation est prouvée depuis les 4 frères Bertrand, Pons, Bérenger et Raymond, qui les premiers eurent la basse juridiction de Peillon à la fin du XIV siècle. Les généalogistes leur donnent pour père Jacques Cays, amiral d'abord de Nice, puis du comte de Provence (le plus ancien document est celui où le comte de Vintimille en 1257 cède ses droits à la maison d'Anjou à la présence de *Jacobi Chaissii* (Arch. de Marseille). D'après l'Audiffredi, généalogiste Niçois, ils seraient fils de Raymond (Bibl. Mun. de Nice, ms. de D. Boniface). Ce R. probablement frère de l'Amiral était notaire à Nice et ensuite secrétaire du comte de Provence (Arch. de Turin, ms. de Gioffredo).

(2) *Cart. de S. Victor*, 718.

(3) Id. 714 Nous observons aussi le surnom de Montanus que porte ce Bermond ; ne serait-ce pas une tradition de Milo Montanus comte d'Apt et de Glandèves ; Miron ou Odila ne seraient-ils pas les descendants de ce puissant seigneur ?

(4) Id., 722.

(5) Id., 718.

(6) Id., 714. On trouve trois *Dalmatia* mariées contemporainement à trois seigneurs de Dromon. Elles étaient prob. de la famille de *Gosfredus Dalmacii* et de *Pons Dalmacii* (Cartul. de S. V., 1077 et 917), tige probable de la famille de *Dalmas*, dont il y a eu en 1246-1256 un *Gosf. Dalmacii* évêque d'Apt. (JULES DE TERRIS, *Les évêques d'Apt*, p. 52).

(7) Id., 713.

(8) Id., 718.

(9) Id., 793.

(10) Id., 704.

(11) Id., 703.

Guillaume Talona, Pierre Autrigus, Raimond, faisant donation de cette église à l'évêque de Nice, qui sont fils du *quondam Petri Isnardi* (1).

Ce Guillaume Talon, d'après une charte du cartulaire de la cathédrale de Nice, assiste à la donation faite par Hugues et Bertrand, fils de Guillaume Rostaing seigneur de Val de Bloure (2). Les chartes de l'église d'Apt nous apprennent qu'il avait épousé *Pontia*, fille de Raimbald de Nice et de Rixende d'Agout.

La chronologie, les prénoms, les relations des Volone avec Miron, dont le frère l'évêque Pons possédait Châteauneuf, nous font croire que les seigneurs de Villevieille viennent de Dromon.

Les autres frères de Pierre sont: Boson, Taxil, Guillaume; vers 1060 ils s'apprêtent à reconquérir les châteaux de l'Escale et de Beaudun qu'on avait enlevé aux moines de Marseille, mais ils font serment à l'abbé Durand de ne pas les retenir (3).

Près d'un siècle plus tard, en 1171, nous trouvons ce même château de l'Escale qui excite les convoitises de la famille de Volone, car les abbés de Saint-Victor font intervenir Foulque de Volone au serment que prête Bertrand Raimbaldi de ne pas ôter ce château à l'abbaye; Rostaing de Beaudun, *Torcatus de Castronovo*, prennent part à cet acte (4).

En 1180 Aldebert de Volone signe avec Jean de Dromon et Bertrand d'Hyères à la convention qui a lieu à propos des églises de Cornillon, l'Escale et Beaudun entre l'abbaye de Saint-Victor et le chapitre de Chardavon (5).

Autre branche des seigneurs de Dromon est celle de Niozelle. *Isnardus de Nuacellas* prend part à la grande donation de Dromon que nous avons citée (6). En 1031 il donne aussi à l'abbaye de Saint-Victor l'église de Saint-Marcellin, sise sur le territoire de Niozelle; sa femme s'appelle Dalmatia, ses fils Isnard, Guillaume, Rostaing, Isoard.

Isnard de Niozelle et son frère William interviennent, vers 1055, à la donation faite à Saint-Victor par le comte de Provence de l'église de Forcalquier, donation à laquelle signent aussi Raimbald de Nice et ses frères les deux vicomtes Miron et Rostaing (7). Ensuite, en 1057 Isnard est témoin, avec Pierre Autrigus, à la donation de Contes, village près de Nice, faite par Miron, vicomte de Sisteron (8).

La branche plus illustre, parmi celles qui sont sorties de Dromon, est, sans contredit, celle de Mison.

Nous trouvons d'abord les deux premiers personnages de cette famille nommés dans la donation de l'évêque de Gap, en 1030, *Ysoardus de Misso et uxor eius Dalmatia, Gualdemarus frater eius et uxor eius Agnes firmaverunt* (9). La même année ils prennent part avec leurs femmes à la donation faite à Saint-Victor par le

---

(1) *Cart. ecrl. cath. Nicensis*, 3.
(2) Id. 23. Parmi les témoins nous observons *Richerius*.
(3) *Cart. de S. Victor*, 709.
(4) Id., 1109.
(5) Id., 870.
(6) Id., 713.
(7) Id., 659.
(8) Id., 793. Cfr. le nom de *Pierre Autrigus* avec celui de Villevieille.
(9) Id., 712.

Volone, les Niozelle et les autres seigneurs de Dromon; interviennent aussi Pierre, fils d'Isoard, et Ysoard, fils de Waldemar.

Pierre de Mison devient vicomte de Gap.

Dans une charte de 1045 il dit: *ego Petrus vicecomes Guapincensis una cum matre mea Dalmacia ac filio meo Isoardo et uxore Inguilberga* (1). Il donne à l'abbaye de Marseille trois églises à Gigors (2), avec les terres qui en dépendent, la moitié des dîmes et des marchés; ces églises, y est-il dit, ont appartenu un certain temps injustement à l'abbaye de Brême (3).

Le vicomte Pierre est nommé, vers 1050, par *Pierre de Rosseto*, vassal et *miles* des seigneurs d'Apt, dans une donation qu'il fait de certains biens qui lui ont été donnés par *Senior meus Misonensis vicecomes Petrus* et avec le conseil de son fils, *domini mei Isoardi* (4).

Cet Isoard, fils de Pierre, devient à son tour vicomte de Gap.

En 1058 nous trouvons *Isoardus et domina Dalmacia*, sa grand'mère, qui donnent des biens à Faucon (5); signe comme témoin Isnard de Mison (6). Son identité nous est démontrée par une autre charte de 1062: *Ego Isoardus vicecomes Guapincensis et uxor mea nomine Petronilla et frater meus Bertrannus et avia mea domina Dalmacia;* ils donnent la moitié d'une condamine, leur héritage au château de Faucon, territoire d'Embrun, pour le bénéfice des moines de Saint-Victor qui habitent le prieuré de Gigors, *quam videlicet cella pater meus Petrus vicecomes, dedit sepe iam dicto monasterio* (7). Parmi les témoins on trouve *Ismido Broca*.

Peu après, vers 1080, Isoard de Gap est qualifié de comte (8). Guillaume, moine de Saint-Victor et prieur de Chorges, fait des réclamations à *Ysoardo comiti* et à l'archevêque d'Embrun à propos des droits de son église; ensuite Isoard a quitté la Provence et combat en Espagne les Maures. Ses hommes d'armes, *milites*, ne l'ont pas tous suivi; ils ont, au contraire, profité de son absence pour opprimer les moines bénédictins; *videntes quod terra remanserat sine potestate oppresserunt valde monachos*. Le prieur de Chorges, se dirige à la comtesse de Gap qui réside à Gigors; il adresse à l'archevêque d'Embrun et au comte de Provence les griefs qu'il a contre le comte Isoard et contre ses vassaux, Pons de la Tour, Pierre de Rosset et autres, qui empiètent à Chorges sur les droits du monastère. Le comte d'Urgel en personne vient à Chorges pour une enquête. Les *milites* Raoul Broca, Pierre Rosset, Pons de la Tour, Maynfroid de l'Etoile, Arnaud de Flotte sont interrogés et prêtent serment. Les différents incidents qui sont rapportés dans cette charte constituent un vrai tableau et présentent le plus grand intérêt au point de vue juridique du moyen-âge.

Ici finissent les documents que nous avons sur les vicomtes de Gap.

---

(1) *Cart. de S. Victor*, 691.
(2) Gigors, canton de Turriers, arr. de Sisteron.
(3) Abbaye bénédictine dans le Novarais.
(4) *Cart. de S. Victor*, 695.
(5) Le Faucon du Caire arr. de Sisteron.
(6) *Cart. de S. Victor*, 694.
(7) Id., 692.
(8) Id., 1089.

On pourrait hasarder sur ce point une ipothèse. Cet *Isoard vicomte de Gap*, auquel, dans la dernière charte citée, on donne le titre de *comte*, ne serait-il pas *Isoard comte de Die*, qui prit part à la croisade de 1095 ? Son fils, dans ce cas, serait le *Jausserand*, dont le fils Isoard II, comte de Die, le 13 janvier 1168 prêtait serment à Pierre, évêque de Die, en promettant de respecter et défendre la ville, ainsi que les châteaux, possessions et priviléges dont jouissait l'église (1).

Nous savons qu'Isoard de Mison, vicomte de Gap et comte, avait un frère, Bertrand de Mison (2); selon notre conjecture, la famille se serait divisée en deux branches, l'aînée ayant acquis le comté de Die, la cadette ayant conservé le nom et les fiefs paternels et ensuite celui de Mévouillon, transmis peut-être aux d'Agout.

Nous osons d'autant plus faire une conjecture sur ce point historique, que les généalogistes ne sont absolument pas d'accord sur le père et le grand-père d'Isoard II.

La Chenaye a cru que le premier de la race des comtes de Die a été Aimar en 1189; il parle de Guillaume de Die, père ou grand-père d'Aimar. Guy Allard (3) donne pour père à Isoard II un autre Isoard (4); Chorier dit que le comté de Die passa aux comtes de Valentinois en 1189, mais que leur race n'était pas éteinte, Alix aurait été comtesse de Die; l'abbé Ulysse Chevalier, avec beaucoup de raison, croit que le petit-fils et l'aïeul portèrent le même nom (5). Nous nous rangerons à cette opinion et nous ajouterons les motifs qui nous ont fait établir l'ipothèse ci-dessus relativement à l'origine des comtes de Die.

La juridiction comtale sur la ville même et le comté appartient à l'évêque à la moitié du XII° siècle; ce sera ou par usurpation ou par concession qu'un Isoard, puissant seigneur de la contrée, en aura eu, dès la fin du siècle précédent, une partie assez notable pour que les chroniqueurs de la croisade lui donnent le titre de comte (6). Par la même raison la charte de Saint-Victor donne à Isoard de Mison, vicomte de Gap, le titre de comte à la même époque.

En effet, vers 1088-1089 il a dû exister dans la région un comte Hugues, qui fut dépossédé de sa juridiction par excommunication du pape Urbain II (7). Déjà en 1074 le pape Grégoire VII avait écrit un épître de menace à Guillaume, comte de Die: *clericos et cives urbis depredatus es* (8). Rien d'étonnant qu'Isoard de Mison, vicomte de Gap, à l'époque de la croisade, soit devenu comte de Die, de moitié avec l'évêque.

---

(1) « Ego Isoardus filius Jaucerandi et Beatricis » Chevalier, *Cart. de l'église de Die*, p. 28.
(2) *Cart. de S. Victor*, 692, 717.
(3) Guy Allard, *Dictionnaire historique du Dauphiné*.
(4) Chorier, *Hist. gén. du Dauphiné*, p. 75.
(5) Chevalier, *loc. cit.* n.
(6) « Isoardus comes Diensis ». *Recueil des historiens des Croisades*, Historiens Occidentaux, Guillaume de Tyr, vol. p. 45, 265, 352.
(7) « Juratos milites Hugoni comiti ne ipsi quamdiu excomunicatus est serviant prohibeto. Qui « si sacramenta pretenderint, moneantur, oportare Deo magis servire quam hominibus. Fidelitatem enim « quam christiano principi iurarunt, Deo eiusque sanctis adversanti et eorum precepta calcanti, nulla « cohibentur auctoritate persolvere. Ebredumensi, Vapincensi et Diensi episcopis ». *Decretum magistri Gratiani*, edit. Lipsiae, p. 756. V. Jaffé, *Regest. Pontif.*, n° 4291, p. 695.
(8) Jaffé, *Bibl. Rerum Germanic.* vol. II, p. 87.

L'Isoard que nous croyons son petit-fils et lequel, à la moitié du XII⁰ siècle, porte le titre de *comes Diensis*, n'avait pas non plus la vraie juridiction comtale; les droits qu'il paraît avoir sur le Diois semblent n'être parvenus à la famille que par acquisition et depuis peu de temps, car dans le serment qu'il prête le 13 janvier 1168 à l'évêque Pierre il promet de respecter ses droits sur la ville de Die, de lui rendre le château de Luc sur simple requisition; il déclare de tenir en fief de l'église dans la ville de Die et dans son mandement: *quicquid in civitate Diensi vel in mandamento eius habeo vel alius nomine meo et castrum de Luco* (1) *cum mandamento suo* (2). Ce fief de Luc avait été l'objet de longues contestations, *diu agitata*, avec l'évêque; en 1159 Raymond (3), comte de Toulouse et marquis de Provence, avait prononcé jugement à cet effet entre l'évêque Hugues et *Ysoardum comitem Diensem;* sont présents plusieurs évêques et séculiers, parmi lesquels le connétable Guillaume de Sabran et Hugues de Baux; le comte Isoard prêtera serment de fidélité à l'évêque (4).

Quelques années après, Robert, successeur de Hugues et de Pierre au siège épiscopal de Die, profite de la présence de l'empereur Frédéric à Arles pour obtenir la confirmation de ces droits régaliens; ce sont: la ville, les châteaux, le droit de battre monnaie, les droits de marché, place, fours, moulins, etc. L'empereur concède à l'évêque ces droits: *quos antecessores tui habuerunt;* la ville de Die ne devra jamais avoir d'autre seigneur que l'évêque, *statuimus ut prefata Diensis civitas et ecclesia . . . nullo unquam tempore aliquem, excepto suo pontifice, dominum habeat et possessorem, praeter Romanorum imperatorem; et ut nulla alia laicalis persona ad ipsius civitatis dominium aspiret vel erigatur, in perpetuum imperiali edicto interdicimus.* Le 30 juillet 1178 (5).

Successivement l'empereur Frédéric II, le 23 novembre 1214 confirma ces priviléges à l'évêque Didier; dans ce diplôme il est fait mention des droits que *nobilis mulier Isoarda* tenait dans son évêché et dont elle avait passé reconnaissance à l'évêque Humbert (6), comme ses enfants l'avaient fait à lui-même (7). Selon Guy Allard (8), Isoarde, fille d'Isoard II, comte de Die, aurait épousé Raymond d'Agout, dont Isnard, Raymond, Bertrand. Chorier, au contraire (9), prétend qu'Isoarde ait épousé Isnard d'Agout, et qu'elle porta dans cette famille les terres de Mison, la Baume des Arnauds, le Luc, Volone, etc. Cette opinion de Chorier, quoique inexacte sous quelque rapport, confirme cependant notre idée sur l'identité de famille des vicomtes de Gap et des comtes de Die, puisque l'héritière des comtes de Die avait les fiefs appartenant aux anciens seigneurs de Dromon.

---

(1) Luc, Arr. de Die, canton de Luc.
(2) CHEVALIER, *loc. cit.*, p. 28 et COLUMBI JOH., *De rebus gestis Valentinorum et Diensium episcoporum*, p. 23.
(3) Raymond V, fils d'Alphonse Jourdain comte de Toulouse.
(4) CHEVALIER, *loc. cit.*, p. 44.
(5) Id., *loc. cit.*, p. 4.
(6) Humbert évêque de Die 1197-1203.
(7) CHEVALIER, *loc. cit.*, p. 8.
(8) GUY ALLARD, *Hist. gen. du Dauphiné*, p. 89, 90, 208.
(9) CHORIER, *Estat politique du Dauphiné*, vol. III, p. 38.

Les différents titres que nous venons de citer paraissent prouver que les évêques de Die depuis plus d'un siècle avaient juridiction comtale sur la ville et le territoire de Die, et le comte Isoard de Mison pouvait bien s'en être approprié une partie de 1089 à 1095. D'autre part on observe de nombreux traits-d'union entre les seigneurs de Mison, vicomtes de Gap et le comté de Die.

Dès 1146 on trouve *Bertrand de Mison* qui prête hommage au comte Raymond Bérenger à Tarascon avec Boniface de Castellane, Raimbald de Beaujeu, Férald de Thoar, Raymond Laugier (1). En 1150 il signe à Lambesc l'acte d'arbitrage entre Guillaume de Signe et l'abbaye de Saint-Victor (2).

En 1220 on trouve un *Bertrand de Mison* qui reçoit en fief de l'évêque de Die le château de *Recoubeau* (3), situé dans ce même *canton de Luc* qui avait fait le sujet de longues contestations entre l'évêque et le comte Isoard de Die.

Ce *Bertrand de Mison* porte aussi le titre de *Mévouillon*. L'importance de ces seigneurs résulte manifeste par un diplôme de l'empereur Frédéric du 8 août 1178, par lequel il permet à Raymond de Mévouillon de tenir en souveraineté ses états présents ou ceux qu'il pourra acquérir dans la suite (4).

Un autre représentant de la famille de Mévouillon est Raymond le bossu, *gibosus*, fils d'autre Raymond, dont la fille Galburge le 2 juin 1247 épousa Lambert, seigneur de Monteil, fils de Hugues Adhémar ; elle reçut en dote plusieurs villages, parmi lesquels *Jarjayes*, *Curel* et *Montfroc*, dans la vallée du Jabron et près de Sisteron, berceau de la famille de Mison, *Vers*, dans la vallé de Meauges et *Revest du Bion*, près de Sault (5).

Raymond de Mévouillon a une sœur, *Aialmos*, qui possède les châteaux de *Gensac* et de *Barnave*, au canton de Luc, et en 1227 elle les vend à l'évêque de Die; elle s'allie aux Sabran, son fils s'appelle Rostaing de Sabran (6).

Les descendants des seigneurs de Mison vers la moitié du XIII° siècle ne possédaient pas seulement des terres dans le comté de Sisteron et dans celui de Die, mais aussi dans celui de Gap, dont Isoard était anciennement vicomte; lorsque, en 1239, Bertrand de Mévouillon donna sa fille Galburge en mariage à Guillaume de Baux, il lui assigna toutes ces possessions dans ce dernier diocèse, châteaux, villes, seigneuries, vassaux, en se réservant seulement l'usufruit; sa femme Béatrix aura aussi la jouissance du château de Mison (7). En l'année 1248, le 1er juin, Guillaume de Baux fait son testament et nomme héritier universel le fils à naître de sa femme Galburge pour tous ses biens, y compris ceux de Sardaigne. Il meurt; Béatrix (8), mère de Galburge, vend au comte de Provence ses droits sur Mison (9); Galburge, l'année

---

(1) Papon, *Histoire de Provence*, vol. II, p. 230.
(2) *Cart. de S. Victor*, n. 966.
(3) Chevalier, loc. cit., p. 62.
(4) Id., *Ordonnances des rois de France et autres princes souverains relatives au Dauphiné*, p. 2, n. 7.
(5) Id., *Cart. de la ville de Montélimar*, p. 29.
(6) Id., *Cart. de l'église de Die*, p. 65 et 67.
(7) *Arch. de Marseille*, série B, n. 364, et A. Barthélemi, *Cart. de la famille de Baux*, p. 281.
(8) Béatrix épousa en secondes noces Philippe de Lavena *dominus de Certo*. Du Roure, *Notice historique sur une branche de la famille de Sabran*, p. 37.
(9) *Arch. de Marseille*, loc. cit., n. 362.

suivante, en fait autant pour le prix de deux-mille livres tournois, dont 50 seront réservés pour Decan, abbé de Saint-Michel de la Cluse (1), comme haut seigneur de ce château (2). Mison passa ainsi des seigneurs de Dromon aux comtes de Provence, qui le cédèrent ensuite à d'autres familles.

Avant de finir ce chapitre nous tenons à faire une remarque essentielle sur la comtesse de Die, amoureuse du troubadour Raimbald d'Orange et poëtesse elle-même. Son nom paraît avoir été Béatrix. Selon plusieurs auteurs elle serait fille de Guigue d'Albon et aurait épousé Guillaume de Poitiers (1142-1162) en portant dans sa famille le Diois (3). On nous permettra de faire, aussi pour ce point historique, une nouvelle ipothèse : la comtesse de Die, à laquelle Raimbald d'Orange a dédié plusieurs poésies, ne serait autre que la femme de Jausserand, comte de Die; la chronologie n'y contredit pas, son nom est aussi Béatrix, le titre de comtesse de Die n'aurait pas été porté par l'héritière du comté de Die en devenant la femme du comte de Poitiers.

Les documents que nous connaissons ne nous permettent pas d'établir si ces seigneurs de Mison et de Mévouillon déscendaient directement ou par les femmes des seigneurs de Dromon, mais il nous paraît assez prouvé que ces derniers soient les auteurs des comtes de Die.

XXVI.

L'autorité vicomtale à Nice au commencement du XIIe siècle.

Avant de finir cette étude sur le XIe siècle dans les Alpes Maritimes, il est intéressant de s'arrêter sur l'importante évolution qui eut lieu à Nice, pour ses institutions politiques, dans les premières années du siècle suivant.

Gioffredo a cru que le régime consulaire était établi à Nice dès l'année 1108 et que Raimbald, le croisé de 1095, était en cette année premier consul de notre ville. *I primi ch'io trovi aver portato i titoli di consoli della città di Nizza mi si presentano sotto l'anno 1108 e sono: Raimbaldo d'Orange, Franco Raimbaldo, Laugero e Guglielmo Assalit* (4). Ensuite dans sa table généalogique on trouve : *Raimbaldo cognominato d'Orange dopo aver militato in Soria fu console di Nizza nel 1108 — Risenda d'Apt*, sa femme.

---

(1) L'abbaye de *S. Michele della Chiusa* en val de Suse. Cfr. pour l'abbé *Decan*, AVOGADRO DI VALDENGO, *Storia dell'Ab. di S. M.*, p. 53 et G. CLARETTA, *Storia diplom. dell'antica Ab. di S. M.*, p. 46, 213, 233.

(2) *Arch. de Marseille*, loc. cit., n. 494, 495.

(3) V. MILLOT, *Hist. des troubadours*, vol. I, p. 170. — *Recueil des historiens des Gaules*, vol. XIV, p. 428 et vol. XVII, p. 70.— A. THOMAS, *Francesco da Barberino et la littérature Provençale en Italie*, p. 124. — Cet auteur dit que le seul texte qui assure que la comtesse de Die, était femme de Guillaume de Poitiers est discutable. La vielle chronique des troubadours s'exprime ainsi : *La comtessa de Dia si fo moiller d'en Guillelm de Peitieus, bella dompna e bona; et enamoret se d'en Raembaut d'Aurenga e fetz de lui mains bons vers. Et aqui sont escriutas de las soas chansos.* RAYMOND, *Choix des poésies des troubadours*, vol. V, p. 123.

(4) GIOFFREDO, *Storia A. M.*, vol. II, p. 2.

Tous les écrivains, postérieurs à Gioffredo, qui se sont occupés de l'histoire de Nice ou du droit communal en Italie, ont fixé la date de 1108 comme époque où Nice possédait les institutions communales.

Quant à Durante (1), il parle de *municipe* dès l'année 1011 ; ensuite, après avoir parlé d'une prétendue guerre civile en 1066 entre deux factions dirigées par deux familles rivales, Cais et Badat, l'une dévouée au souverain, la seconde cherchant un gouvernement républicain, il nous dit, avec son assurance ordinaire, qu'il a *trouvé que dès l'année 1108 Nice portait le titre de Municipalité* .... (2). *Raimbald d'Orange, seigneur de Castillon, un des cadets de l'illustre famille de ce nom, qui a donné dans la suite des souverains à l'Europe, épousa, au commencement du onzième siècle, Guillelmine Cais de Nice, laquelle lui apporta en dote plusieurs fiefs dans le comté. Ce seigneur ayant ainsi acquis le droit de cité, obtint la première magistrature du gouvernement municipal ; on lui adjoignit trois autres collègues : François (!) Raimbaud, Pierre Laugiero et Guillaume Assalit, lesquels reçurent le titre de consuls* (3).

Datta (4), l'écrivain sur Nice le plus sérieux après Gioffredo, cite naturellement les consuls dont parle ce dernier, mais il a soin d'ajouter que celui-ci *non giustifica la narrazione con documenti. La preziosa fonte a cui attinse Gioffredo andò perduta* ; et en parlant des assertions de Durante sur l'origine des institutions communales dans notre ville, il observe que celui-ci *non indica documento a sostegno del suo dire*.

Tel était, il y a peu de mois encore, l'état de la question. Il était grandement déplorable que Gioffredo, qui nous a conservé un trésor inépuisable de documents regardant Nice, eut négligé de transcrire une pièce si importante pour l'histoire de la ville et pour celle du droit communal ; d'autre part il était difficile d'admettre que Raimbald, comte d'Orange, descendant des vicomtes de Nice, ayant une très vaste puissance féodale dans plusieurs comtés de Provence, ayant commandé une division de l'armée chrétienne au siège de Jérusalem, dont la fille avait épousé un des comtes de Montpellier, en un mot, un des plus puissants personnages de Provence, eût accepté le rôle, relativement secondaire, de magistrat communal de notre ville.

C'est ce que nous disions dans ce même Mémoire lorsque, il y a quelques mois, nous le présentâmes à l'Académie des Sciences. Bientôt après, la découverte que nous fîmes du Cartulaire de l'ancienne cathédrale de Nice nous donnait raison et tranchait la question. Nous avons publié ce cartulaire précieux (5). On y verra la charte en question (6), que nous avons donné en *fac-simile*, dans le but, qu'on nous pardonne

---

(1) Durante, *Histoire de Nice*, vol. I, p. 161, 164.
(2) Durante donne l'annotation suivante : *Arch. Lerin. et Mon. S. Pont. ; ms. delle cose di Nizza, bibliot. Ardisson !*
(3) Id. *Arch. antiq. Civit. Nic.; ms. delle cose di Nizza, bibl. Ardisson !*
(4) Datta, *Delle libertà del Comune di Nizza*, p. 7.
(5) Deux feuilles du Cartulaire existaient depuis près de deux siècles dans les archives d'État de Turin. Nous sommes heureux d'annoncer que sur notre demande, le Ministère Italien, par ordonnance en date du 8 fev. vient de restituer au chapitre de Nice ce petit fragment. C'est un acte de générosité et de justice dont nous nous permettons de témoigner ici les plus vifs sentiments de reconnaissance.
(6) *Cart. eccl. cath. Nicensis*, 48.

de dire cela, de réparer complètement à la faute de Gioffredo. On verra dans cette charte qu'il n'est pas question de *consules*, mais de *potestates Nicie Civitatis*. Les quatre personnages qui portent ce titre sont: *Raimbaldus Aurasicensis*, *Franco*; *Raimbaldus Laugerii*, *Guillelmus Assalit*. Sur ce point Gioffredo avait aussi commis une très grave faute de transcription en lisant *Franco Raimbaldo* et *Laugerio*, car en écrivant correctement le nom de ces personnages on remarquera que les trois premiers, peut-être même le quatrième, sont des cousins germains et petit-fils de *Raimbaldus de Nicia*, frère de *Rostagnus vicecomes*, ceux-ci fils de Laugerius *rector*, soit *vicomte* de Nice.

En effet, Raimbald de Nice a eu pour fils: 1° Bertrand, que nous avons prouvé être le père du comte *Raimbald d'Orange*; 2° Rostaing, soit *Rostagnus Raimbaldi* (marié en 1057 avec Accelena (1), fille de Franco, vicomte de Fréjus), qui est le père de *Franco*; 3° Laugier le Roux, qui, nous l'avons vu, a pour fils un Raimbald, c'est le *Raimbaldus Laugerii* de notre charte; 4° Raimbald; on peut faire, au sujet de la descendance de ce dernier, deux suppositions: la fille unique de Raimbald aurait épousé *Guillaume Assalit*, en lui portant sa part des droits sur Nice, ou plutôt le fils de Raimbald serait le *Guillelmus Raimbaldi*, témoin en 1109 (2), qui porterait aussi le surnom provençal d'*Assalit* (3).

Nous ne trouvons pas représentés ici les descendants du vicomte Rostaing, frère de Raimbald de Nice; la charte de leur consentement se sera perdue, mais leurs droits féodaux sur Nice sont prouvés par les chartes relatives à la transaction de 1152 entre Laugier de Gréolières, arrière petit-fils du vicomte Rostaing, et l'évêque de Nice (4). Le titre qu'ils portent dans cette charte, de *Potestates*, n'avait évidemment aucun rapport avec la charge de magistrat judiciaire qui fut établie dans les républiques italiennes bien plus tard, ce titre équivalait à celui d'*autorités de la ville*, soit de *vicomtes*. Ce n'était pas l'autorité consulaire ou judiciaire, mais la *vicomtale*, comprenant le pouvoir civil et judiciaire, délégation du comte suzerain, qui peu à peu s'était rendue héréditaire et presque féodale.

En effet, dans notre charte les quatre *potestates* exercent la juridiction féodale, car par cet acte ils reconnaissent et autorisent les donations ou les ventes que leurs vassaux, *honores suorum hominum*, ont fait ou pourront faire à l'église de Nice; c'est donc la suprématie juridictionnelle, le lien féodal sanctionnant l'acte des vassaux et le rendant valide et légal; l'autorité consulaire ou judiciaire n'aurait pas pu arriver jusque là (5).

Le titre de *potestas* se trouve usité dans ce sens dans une autre charte de notre

---

(1) L'autre sœur Aldegarde avait épousé Guillaume le jeune, vicomte de Marseille. (*Cart. de S. V.* 565, 577). Une charte du cart. de Lérins (p. 324) de 1174 ferait supposer qu'à la génération suivante le nom de Rostagnus Raimbaldus et de Franco s'est répété; nous trouvons ces deux seigneurs possédant Trans.

(2) *Cart. eccl. cath. Nicensis*, 23.

(3) Cfr. les annotations sur *Assalit* à notre cartulaire, préf. p. XV.

(4) V. chapitre XX du présent Mémoire, p. 65 et suiv.

(5) On remarque encore les expressions de la charte, surtout les paroles: *donant*, *concedunt*, celles de *honores suorum hominum*, et la rubrique de la charte: *quod liceat canonicis habere dono potestatum honores, sive dono vel emptione*.

cartulaire (1), à propos de la donation faite en 1022 par Thibaud et sa femme Hélène de certains biens qui leur étaient parvenus par les comtes Guillaume et Rotbald et par Miron. Thibaud ajoute: *et si est nullus episcopus qui ista cartula donacione frangere voluerit ad potesta de illo loco revertat;* il s'agissait évidemment de Miron même, mari de Odila, qui avait concédé cette possession à Thibaud, ou de Laugier, appelé *rector* bientôt après.

Pareillement en 1041 on trouve, dans une charte du cartulaire de St-Victor (2), que certains seigneurs donnent et restituent à l'abbaye, *feus quos tenuerunt patres nostri et nos usque ad presens per seniores et potestates Massilie.*

Un diplôme de Raymond Bérenger de l'année 1153 (3) fait allusion aux priviléges concédés dans notre charte de 1108 par les *potestates* ou vicomtes: *donum quod potestates Nicie ecclesie tibi commisse concessisse noscuntur, ut videlicet cuique civium licentia pateat de rebus suis et possessionibus quamlibet absque impedimento partem offerre.*

XXVII.

Le droit communal succède au droit féodal des vicomtes.

L'établissement du régime communal à Nice eut donc lieu après l'époque qu'on avait fixé jusqu'à présent, mais aucune des chartes que nous avons dernièrement découvertes ne peut en établir la date précise, ou les circonstances qui amenèrent cet événement. Nous y apprenons pourtant que dès 1144 il existait un consul à Nice en la personne de Guillaume Badat, dont le témoignage à la cession du *Campum Martis* par le comte Guillaume de Vintimille et par Rostaing Raimbaldi, son beau-frère, est suivi par les paroles: *qui tunc consul eram* (4). C'est le plus ancien consul que nous ayons retrouvé. Deux ans après, en 1146, le cartulaire nous fournit les noms des consuls, *Paulus Raimbaldi*, *Raimundus Serene*, *Guillelmus Richardi*, *Raimundus Foroiuliensis*, *Petrus Bermundi*, *Guillelmus Gaubaldi*; comme on voit, ils sont au nombre de six (5). Gioffredo de nouveau ici est fautif; car, sans citer aucun document, il donne en cette année quatre consuls seulement, en éliminant les deux derniers.

Sans pouvoir entrer, dans ce Mémoire, à discuter la grave question de l'établissement du consulat à Nice, nous devons cependant exprimer l'idée que c'est vers 1143 que le régime municipal a été institué à Nice. Aucun document ne vient, pour le moment, explicitement à notre secours, mais il est utile de remarquer les coïncidences suivantes.

---

(1) *Cart. eccl. cath. Nicensis*, 18.
(2) *Cart. de S. Victor*, 167.
(3) *Cart. eccl. cath. Nicensis*, 81.
(4) Id., 47.
(5) Id., 24 et 25.

Nous trouvons en 1146 six consuls, tandis que peu d'années après, vers 1147, vers 1150 et en 1151, il n'y en a plus que quatre (1); c'est justement à l'exorde des institutions que leur forme varie plus facilement.

Ensuite, il faut se rapporter à l'état politique de la Provence à cette époque. D'abord la révolte des seigneurs de Baux, en 1140 la prise de Vintimille par les Gênois, en 1143 la mort de Raymond Bérenger laissant un seul fils, encore enfant. sous la tutelle de Raymond Bérenger, comte d'Aragon, la venue de ce prince à Nice en 1146.

Les villes de Provence, Nice surtout, durent recevoir le contre-coup de ces trois événements. La famille de Baux combattait à outrance et avec elle bien des seigneurs des Alpes Maritimes; les familles vicomtales elles-mêmes, par raison de leur proche alliance, devaient s'être rangées contre le suzerain. Rien, par conséquent, de plus naturel chez le comte de Provence que de permettre l'institution des municipes pour détruire l'influence et l'autorité des grands vassaux et des anciens vicomtes; aussi, à part quelques exceptions, les familles consulaires ne paraissent pas descendre des familles vicomtales, qui à cette époque ne conservèrent que le pouvoir féodal dans le comté. C'est, au contraire, les anciens vassaux de ces seigneurs et de l'église, leurs *homines*, qui tiennent le consulat, ainsi que nous l'avons remarqué dans le chapitre précédent; c'était le pouvoir du suzerain qui s'établissait plus fortement, à l'aide de l'élément populaire, en renversant l'organisation féodale pour fonder la municipalité.

L'église, de son côté, en désaccord constant avec les familles vicomtales, soit à Nice pour l'administration de la justice, dépendance des droits qu'elle y avait acquis en 1117, soit dans le comté où elle possédait tant de droits et de domaines, ses intérêts se trouvaient aux prises avec ceux des grands vassaux; elle était donc portée à favoriser l'élément nouveau et l'organisation naissante qu'elle pensait de pouvoir mieux dominer.

Déjà vers 1115 l'évêque de Nice devait avoir une position éminente et juridictionnelle, puisque c'est à lui que s'adressent l'archevêque, les consuls et les vicomtes de Pise pour présenter les excuses du peuple Pisan, dont les galères avaient causé des dommages aux armateurs Niçois (2).

En 1117 l'évêque acquérait de Jausserand Laugier les droits féodaux sur Nice qui lui appartenaient.

En 1152 il faisait reconnaître ses droits féodaux sur Nice et en donnait l'investiture personnelle à Laugier de Gréolières.

En 1153 il plaçait son église sous la sauvegarde de Raymond Bérenger, comte de Barcelone; le diplôme nous démontre que l'église devait avoir à Nice même de redoutables adversaires, car il y est dit: *ut ecclesiam sibi commissam ... a pravorum hominum inquietudine tueremur, humiliter postulavit* (3).

L'église obtenait des privilèges d'immunité en matière judiciaire et financière.

---

(1) *Cart. eccl. cath. Nicensis*, 62, 51, 26.
(2) Gioffredo, *Storia A. M.*, vol. 2° p. 11.
(3) *Cart. eccl. cath. Nicensis*, 81, et Jofr., *Nicea Civitas*, p. 173.

Le régime consulaire, paraît-il, ne lui fut pas plus favorable que le régime féodal, car de nouvelles querelles surgissaient entre l'église et la commune; mais en 1157 (1) elle réussissait à transiger convenablement. Depuis lors elle paraît avoir généralement maîtrisé l'autorité communale ou marché de pair avec elle.

Dans le synode tenu à Embrun en 1159 l'évêque Arnald mentionne encore *omnem honorem Nicensis civitatis vel territorii ad ecclesiam pertinentem* (2).

Le changement de régime à Nice peut aussi avoir été déterminé par l'approche de la république de Gênes, qui ayant des convoitises sur notre ville, pouvait plus facilement arriver à ses fins par le renversement de l'autorité féodale et par l'installation d'un régime plus populaire, plus indépendant, plus assimilable. Aussi voyons nous dans les premières familles consulaires celle des Riquieri, vassaux de l'église et très favorables aux Gênois (3).

En troisième lieu, la minorité du comte de Provence peut avoir décidé les Niçois à demander le régime communal que le prince d'Aragon aura accordé comme moyen plus sûr d'obtenir la fidélité de cette extrême partie de la Provence, plus exposée à défectionner si on n'était pas généreux avec elle.

Les chartes de liberté n'étaient pas autant une sauvegarde contre l'arbitre des suzerains, qu'une assurance en faveur des deux contractants contre l'autorité des anciens vicomtes, qui, du haut de leurs nombreux châteaux, faisaient encore trembler les comtes de Provence eux-mêmes.

Trop de motifs faisaient donc, à cette époque de 1143, une nécessité de l'institution du Municipe, pour que cette année-là ne soit pas précisément la vraie date de son établissement.

---

(1) *Cart. eccl. cath. Nicensis*, 87 et JOFR. *Nicea Civitas*, 175. Gioffredo a fixé à l'année 1159 la date de cette charte, mais les éléments chronologiques se rapportent à l'année que nous indiquons, ainsi que nous en avons fait l'observation dans la préface du cartulaire, p. XVIII.

(2) *Cart. eccl. cath. Nicensis*, 86 et Jofredi *Nicea Civitas*, p. 175. Dans la transcription de cette charte Gioffredo a laissé, parmi d'autres, aussi la parole *honorem*, très importante, comme on le voit.

(3) Cfr. CAIS DE PIERLAS, *Testament de Jourdan Riquieri au XII siècle*.

DOCUMENTS INÉDITS

I.

Breve rememorationis de placito quem fec[erunt] Poncius de Alanzone et Raimundus Rostagnus cum Comite Furcalcheriensi. Juraverunt ei suam vitam et sua membra et sua castella et suas civitates, quod illi non li on tolguessan, ni om ni femina per lur consel ni per lur consentiment, ni non lo guerreian ni guerreiar nol fazan et adjutorium contra omnes homines, excepto contra Comitem de Barcilona, et si el o sui homines prennian aver de la terra del Conte, dedit ei obsides quod intra XL dies qu'en comonria unum de illis, aut homo per suum mandamentum, l'avers fos renduz cabaniament e si non o era, li ostage tornarian in Manuasca pos o sabrian, e non s'en deslurarian sans consel del conte, si in anz l'aver non avian rendut; e quals que doves la dezena part fos deslures et istar in ipsa conveniencia quantum Poncius de Alanzone viveret. Isti sunt obsides Vilelmus Raimundus, Bertrannus de Vinone, Ugo de Gresols, Petrus Ugo, Vilelmus de Gresols, Poncius Marselles, Petrus de Sancto Juliano, Guigo de Montebruso, Gaufredus de Genascervias, Ugo de Rianz.

(Archives de Marseille, série B, n° 276).

II.

Audi tu Gauzfre, filius Girberga, et tu Stefania, uxor eius. Ego Aicardus et Joffredus filii Accelena, non te decebremus te, Gauzfrede comes suprascripte, et uxor tua Stefania, ne filios masculos que de ista muliere abueris de vestras vitas ne de vestris menbris que ad corporibus vestris juncti sunt, nec nos nec homo nec femina per nostrum consilium ne consentimentum, ne vos decebremus vos suprascriptos de ipsa claustra de Aquis de ipsas fabricas ne de illas turres que Vuido tenet per te Gauzfrede et que juratas tibi abet, ne de ipsas dominicaturas, quem pater tuus Vuilelmus ibi abebat uno anno antequam mortem accepisset, exceptis tantum quantum Pontius hen tenet de ipso archiepiscopato ad sua vita, que tu Gauzfrede illi datum abes, et adjutores tibi erimus ego Aicardus et Josfredus filii Accelena ad recuperare et tenere illa dominicatura de Heras et de Fossis quem Vuilelmus comes tenebat uno anno antequam morte accepisset, apud fidem et sine henganno, et si homo aut femina tibi Gauzfrede, tulerit fidem nec societatem ab illas non abuerimus nisi per ipsa honore adrecuperare.

(Archives de Marseille, série B, n° 276).

III.

Carta de decimo Lautardi et de turre Episcopali.

Notum sit vobis omnes homines qualiter Teudricus sedis Aptensis Episcopus et Faraldus seu Waraco et eorum sequentes hic constituerunt in parabolis Lautardo presbytero in podio quae vocant Tintenno de decimum torre Episcopale ad ecclesiam sive ad Episcopum pertinentem, hoc est tantum quantum ibi procedit quae Leutardus plures annos tempore praeterito tenebat ad usum necessaria, ad fidelitatem Sancti Petri sive Episcopi. Et Faraldus volens triginta solidos dare Episcopo pro decimo et non recepit hoc, sed semper Leutardus pulsat et petiit petitio recta quod juste tenere debet et Faraldus quod injuste quaerit dimisit eum totum coram cunctis ipsum decimum, ut dum ipse viverit teneat sicut tenere solet per talem conventum, ut nullum servitium impendat, nullum hominem, nisi Sancto Petro, in eodem loco constituto, unde Leutardus ordinatus fuerit presbyter. Valete super petrata in Christo per tempus et tempora.

(Cart. Aptense, fol. 16).

IV.

Carta de Garaco quam fecit Imberto pro honore quem dedit pro fori facto.

Magnus est titulus donationis atque cessionis quem nullus inrumpere posset actuum largitatis. Idcirco Ego Guaracho tibi cedo Umberte aliquid de haereditate mea per foras factum quod tibi feci, ut cum te finem habeam. Sunt ipsas res in comitatu Aptense in castro Casanova et in terminium suum, una medietatem de decimis et in villa Calvisias et in suum terminium, quantum mihi pax obvenit, hoc est tertiam partem in Argallo quantum mihi pax obvenit; subtus Gargatio quantum mihi pax obvenit et in Gurgis vinea et campis quantum mihi pax obvenit; in Clavagiana et in Baxo et in Lausnava quantum mihi pax obvenit; hoc et duas partes subtus castro Bonilis, in villa Ersianicus de vineis modiatas duas, et facias tu Umberte de ipsas res quidquid volueris, habendi, vendendi, dandi et commutandi sive possidendi tuisque haeredibus derelinquendi. Sane si quis ego aut ullus homo vel de propinquis meis parentibus aut ulla apposita vel subrogata persona qui contra hanc donationem venire inquietare aut irrumpere voluerit non valeat vindicare quod repetit, sed componat in vinculo auri libras decem et in antea haec donatio firma et stabilis permaneat, pro omni firmitate subnixa. Facta donatione ista idus Novembris, regnante Chuonrado rege indictione sexta. Signum Guaraco qui hanc donationem scribere fecit et testes firmare rogavit, manus sua firma Teudericus Episcopus, qui voluit et consensit et firmavit. Pontius firmavit, alius Poncius firmavit, Rodbertus firmavit, Bermundus firmavit, Rainardus firmavit. Petrus presbyter rogatus scripsit.

(Cart. Aptense, fol. 10 et 11).

V.

Donatio Garibaldi de vinea subtus Roca.

In nomine Sanctae et Individuae Trinitatis et in amore divini eloquii, sicut Dominus dicit in Evangelio : in primis Deum diligere ex toto corde et ex tota anima et ex omnibus viribus et proximum sicut te ipsum. Igitur ego Garibaldus in Dei nomine subsequens altitonantis potentiam considero casum mortis et ut Dominus me eripere dignetur de manibus inimicorum meorum et de faucibus inferni, propterea cedo, cessumque in perpetuum esse volo et de meo jure, in potestate sanctae et intemeratae Dei Genitricis Mariae, videlicet Aptensis ecclesiae et Sancti Castoris Confessoris Christi, qui ibidem humatus quiescit in illorum trado jure et dominatione perpetualiter, in Dei nomine ad possidendum, vel rectoribus Sanctae supradictae ecclesiae ad regendum; haec sunt res proprietatis meae in pago Aptense, in loco nuncupante subtus Roca, quae mihi ex alode parentorum meorum obvenit in supradicto loco, cedimus Sanctae Mariae et Sancto Castori de vinea culta quartariatam et de terra culta modiatam unam, cum ipso casale qui desuper aspicere videtur totum et ad integrum quantum ibi habeo Sanctae Mariae et Sancto Castori concedo pro remedio animae meae : ut me Dominus adjuvare dignetur de manibus inimicorum meorum. Et habent ipsas res consortes de subteriore parte terra supra nominatae ecclesiae, de superiore fronte ipsa roca et de alio fronte Apollonio comite vel suos haeredes, ita ut ab hac die et deinceps in antea in potestate Sanctae Mariae et Sancti Castoris et rectoribus ipsius permaneat. Et si est aliquis qui abstrahere cupiat, non valeat revindicare quod repetit, sed insuper iram Dei incurrat et cum Dathan et Abiron participes sit in infernum et insuper libram auri coactus obsolvat. Signum Grimaldo teste, signum Teudardo teste, signum Abone teste, signum Poncione teste, signum Griselmo teste.

(Cart. Aptense, fol. 51).

VI.

De praestaria decimarum Sancti Saturnini.

Sacro Sanctae Dei ecclesiae quae constructa esse videtur in honore Dei genitricis Mariae Sanctique Castoris confessoris Christi in civitate Aptense, ubi praeesse videtur Domnus Nartoldus humilis Episcopus, ego in Christi nomine Poncius et conjux mea Hermengardis cedimus ad supradictas casas Dei, sive ad Dominum Episcopum, vel ad clericos ibidem servientes, in Comitatu Aptense in territorio de Castro Rossilione in loco qui dicitur Silvolas subteriores vineas et terram ad ipsam vineam pertinentem quamtum ibi ex parte genitricis meae legibus obvenit vel obvenire debet totum et ab integro dono atque transfundo, a die praesenti et in antea, propter praestariam de decimis quam mihi et uxori meae Hermengardi et uni haeredi nostro filio cui nos ipsam praestariam dimiserimus praenominatus Episcopus facit, hoc est de Sancto Saturnino et de villa Agnana et Antignanicus ubi sunt ecclesia videlicet Sancti Stephani et ecclesia Sancti Sulpitii et Sancti Filaberti, ita ut dum ego Poncius et conjux mea Hermengardis vixerimus teneamus et possideamus, post nostrum vero obitum ad unum filium nostrum, cui nos dimiserimus, perveniat; post illius vero decessum ad Sanctam Mariam et Sanctum Castorem vel ad Episcopum, qui in eodem loco praefuerit, revertantur ipsae decimae; eo autem tenore donat nobis praedictus Episcopus ipsas decimas ut omnes presbyteri qui in illis ecclesiis sive in aliis in eodem Episcopatu Aptense in nostris villis extiterint per manum Episcopi teneant altaria et cum consilio et voluntate Episcopi ingrediantur et donum quem in parrochiis nostris donaverint tertiam partem Episcopus habeat, et in mense Madio unusquisque arietem optimum persolvat et in Octobrio porcum censualem donet et in fidelitate Episcopi permaneant, sicut rectum est; et donec ipse Poncius et uxor ejus pro ipsis decimis omni anno in censum, sive filius illorum, qui istam praestariam tenuerit, in mense Majo arietem cum agno optimo et ad festivitatem Sancti Castoris modium unum inter panem et vinum et porcum valentem solidos duos, et pro luminariis ecclesiae nostrae denairatas sex. Et faciat praenominatus Episcopus de ipsa haereditate quidquid facere voluerit in Dei nomine liberam ac firmissimam habeat potestatem sine contradictione; et si Episcopus, illis viventibus, migraverit et alius in loco illius introierit quindecim solidos ad introitum illius persolvant. Sane si quis nos aut haeredes nostri aut ulla obposita persona, qui hanc donationem contrariare temptaverit, non vindicet quod male inquiret, sed componat in vinculo auri obtimi libram unam, et in antea haec donatio inviolabilem obtineat vigorem. Facta donatio ista in civitate Aptense, secundo kalendas Maii, anno quadragesimo primo regnante Chuonrado rege in Christi nomine feliciter. Signum Poncii et uxoris sua Hermengardis qui hanc donationem scribere et firmare rogavit, manu sua firma. Nartoldus Episcopus relegit et subscripsit.

(*Cart. Aptense, fol.* 33).

VII.

De decimis Sancti Saturnini et ejus villarum.

Breve memoratorium de convenientia facta inter Alphantum episcopum et Pontium Pulverullum tali tenore digesto. Ego in Christi nomine Pontius Pulverullus sequens praestariam cum domino Episcopo Aptensi Alfanto quam avus meus Pontius fecit cum Nartoldo episcopo praedictae sedis, confirmo donum de vinea quae est in Silvolas subteriores cum omni terra ad ipsam vineam pertinente, propter praestariam praedictam de decimis quae sunt in villa S. Saturnini et in villa Agnana et in Antinianicos ubi sunt ecclesiae S. Stephani et S. Sulpicii et S. Filaberti ut habeat Episcopus ex ipsa vinea et ex ipsa terra potestatem ad faciendam suam voluntatem omni tempore. Et ego Pontius habeam potestatem habendi praedictas decimas, salvo censu qui scriptus est in ista praestaria quam diu ipse Episcopus vivet; eo tenore donat mihi praedictus Episcopus ipsas decimas et omnes presbyteri qui in illis ecclesiis sive in aliis quae in istis villis per nos cantaverint, per manum Episcopi teneant altaria et cum consilio et voluntate Episcopi ingrediantur. Et ex dono quod in parrochiis nostri donaverint tertiam partem Episcopus habeat et in mense maio unusquisque presbyter arietem optimum solvat et in Octobrio porcum censualem et in fidelitate Episcopi permaneant sicut decet. Et ego Pontius pro ipsis decimis commendavi me Episcopo qui tunc praeerat Alfanto. Et per unumquemque annum in mense Majo arietem cum agno optimo donabo Episcopo praedictae sedis Aptensis et ad festivitatem S. Castoris modium unum inter vinum et panem et porcum valentem solidos duos. Et pro luminarii S. Sedis solvant ecclesiae nostrae denariatas sex. Si quis autem exinde extiterit volens subvertere istam nostram conventionem, ego contradico hoc illi et convictus judicio componat auri libram unam. Et ego Alfantus episcopus, in quantum mihi data potestas obtinet, veto et contradico ne ullus sit ausus contra ire huic nostrae conscriptioni. Actum est hoc in Apta civitate anno a verbo carnem sumente millesimo quinquagesimo tertio regnante domino Jesu per omnia saecula. Amen.

(*Cart. Aptense, fol.* 24 r°, et v^o).

VIII.

Sacramentum Aldeberti de Sagnone.

Aldebertus filius Dilectae dona a fedauta et a servicio la quaslania del castel de Sagno a Rostang d'Agolt et ego Rostagnus, filius Adalaiae, non te decipiam, nec ego Imbertus, nec ego Raimbaldus, nec ego Raimondus, nec ego Leodegarius non te decebrem de tua vita, nec de tuis membris quae tuo corpori juncta sunt, neque te decipiemus de castello de Sagnone de la Crugeria, nec homo nec foemina per nostrum consilium nec per nostrum consentimentum; et si homo erat aut foemina qui illud castellum tibi tolleret, nos ab illo vel ab illis finem non haberemus ne placitum quod finem valeret, si per illud castellum a recobrar non o avia, et el castello recuperato in ista convenientia stare, et ego Rostagnus reddam illud tibi, et ego Imbertus post mortem Rostagni, et ego Raimbaldus post mortem Imberti et Rostagni, et ego Raimondus post mortem Raimbaldi et Imberti et Rostagni, et ego Laugerius post mortem Raimondi et Raimbaldi et Imberti et Rostagni, per quantas vices tu Aldeberte illud nobis requires, aut requirere nobis facies, per te aut per tuos missos, de hac Epiphania prima et duos annos adenant, ad te et ad illos tuos filios quos de muliere habueris qui istas convenientias mihi facient quae tu mihi facis aut garnis los m'aura de far sine inganno et sic tenebimus et attendebimus sine inganno ; sic Deus me adiuvet et sui sancti.

(*Cart. Aptense, fol.* 8).

IX.

Carta Sagnonis de praestaria.

In nomine Dei aeterni ac Salvatoris nostri Jesu Christi notum sit omnibus sanctae Dei ecclesiae fidelibus presentibus perpetuis atque futuris, qualiter venerabilis gratia Dei Episcopus Aptensis ecclesiae nomine Nartoldus ex rebus ecclesiae Sanctae Marie sive Sancti Castoris, sicut in canonis est constitutum, pro adcrescendis ecclesiae rebus quibusdam hominibus suis fidelibus his nominibus Rothberto et Waraconi more canonico in praestaria eis concedit, hoc est castello, quem nominant Sagnone, cum ipsis suis appenditiis extra ecclesiam Sancte Mariae, cum ipso cymiterio, ut in eadem ecclesia per donum Episcopi ingrediatur presbyter et in fidelitate Episcopi permaneat omni tempore et in Prataleone vineas cum decimo et in Torrizello vineas cum decimo et in Petrolas vineas cum decimo et decimam ex vinea de Juscontra. Caetera autem omnia, quae ad istum castrum pertinent, et in villa quam vocant Calvisas et in Casa nova et et in Rius, quantum in illis villis Sancta Maria et Sanctus Castor et Episcopus habere debet, totum eisdem hominibus Rothberto et Waraconi cedo in praestaria et in Domo nova et in Juncarias vineas dono. Quapropter donat Rothbertus et frater ejus Waraco ad Sanctam Mariam et ad Sanctum Castorem vel ad ipsum Episcopum sive successoribus ejus de haereditate illorum quae eis ex progenie parentum legibus obvenit in Comitatu Aptense in loco qui dicitur Laus nava et Clavajano et in Baxo, quantum in ipsis locis denominatis eis pax obvenit, vel obvenire debet, tali tenore, ut dum ipse Rothbertus et frater ejus Waraco vixerint, teneant atque possideant; post obitum vero illorum ad unum haeredem ipsorum permaneat et teneat ipse dum vixerit atque possideat; post obitum vero ejus ad Sanctam Mariam et ad Sanctum Castorem vel ad ipsum Episcopum qui in eadem ecclesia fuerit, perveniat sine contradictione. Tenor autem istius praestariae iste est, ut Rothbertus et ipse Waraco vel haeres eorum pro istis rebus ad Sanctam Mariam vel Sanctum Castorem sive ad Episcopum vel ad clericos ejusdem ecclesiae inter censum et vestituram omni quoque anno ad festivitatem Sancti Castoris inter panem et vinum modium unum persolvant et in mense Majo pro synodo multonem unum cum agno optimo et in mense Octobris porcum unum, et teneant atque possideant sine contradictione, salvo censu et vestitura, sicut supra insertum est. Et si Episcopus ex eadem ecclesia migraverit et alter in eodem loco introierit, ad ingressum ejus, pro confirmatione, solidos decem persolvant; sane si quis ego vel successores nostri qui hanc praestariam contrariare voluerit non valeat vindicare quod injuste repetit, sed componat in vinculo auri optimi libram unam et in antea haec praestaria firma et stabilis permaneat sine contradictione. Acta carta praestariae istius quinto kalendas octobris, anno trigesimo regnante Chonrado Rege in Christi nomine feliciter. Signum Nartoldi Episcopi qui hanc praestariam scripsit et firmare rogavit manu sua firmatam.

(Cart. Aptense, fol. 5).

X.

Donatio de la Crugera.

In nomine domini nostri Jhesu Christi. Ego Leodegarius Aptensis Episcopus vobis Guiranno et Bertranno, filiis Raimbaldi, castrum de Sagnone dono, id est castrum de la Crugera totum in integrum quantum Aldebertus del Mugol Rostagno de Agolt dedit, et hoc ad fidelitatem at servitium vobis dono et laudo et insuper totam dominicaturam quae ad castrum supradictum pertinet. Ita sicut Aldebertus del Mugol et Rostagnus de Agolt per dominicaturam habuerunt et tenuerunt, ego Leodegarius Aptensis Episcopus vobis Guiranno et Bertranno integram dono et laudo ad servitium et fidelitatem. Antea enim quam Leodegarius praedictus Episcopus Aptensis castrum praedictum de la Crugeria ab Aldeberto praedicto emeret vel adquireret, Rostagnus praedictus de Agolt filiique sui ab Aldeberto praedicto ad fidelitatem et servitium sibi adquisierunt, anno ab incarnacione Domini Nostri Ihesu Christi millesimo centesimo vicesimo, indictione tertia, decimo sexto Kalendas Julii. Testes harum donationum sunt hi testes, Otto, Bertrannus de Sagnone, Bertrannus de Castellione, Poncius Vuillelmus, Poncius Pulverullus. Signum manus Episcopi Leodegarii Aptensis, qui hanc cartam fieri rogavit. Ego Addefonsus scripsi hanc donationum cartulam et post traditam complevi et dedi.

(Cart. Aptense, fol. 9).

XI.

Auctoritas etenim iubet ecclesiastica et lex consistit Romana, ut qui rem suam in qualicumque potestate homno infundere voluerit, testamenta per paginam eam infundat ut prolixis temporibus soluta et quieta permaneat. Quapropter ego Rostagnus et uxor mea Adalaxia et filiis meis et filias nos pariter cogitamus de Dei misericordia et remedium animarum nostrarum sive parentum nostrorum, ut sanctus Petrus nos absolvat ab omni vinculo peccatorum nostrorum et mereamur illam benignam vocem audire quam Dominus dicturus est: venite benedicti patris mei, percipite regnum quod vobis paratum est ab origine mundi. Pro ipso amore donamus et vendimus aliquid de hereditate nostra ad ecclesiam sancti Dalmacii; donamus et vendimus sedimen unum cum orto, accepto pretio solidos quinque. Sane si quis nos vel heredes nostri aut ullus homo vel subrogata persona qui contra cartulam donationis iste ire inquietare voluerit vel inrumpere voluerit, non valeat vindicare quod iniuste requiriti, sed componat tantum et alium tantum, et insuper ira et malectio (sic) Dei super eum incurrat, insuper erit excomunicatus et anathemizatus sicut fuit Datan et Abiron et Juda traditor in saecula saeculorum amen.

Signum Rostagni et uxor sua et filiis suis qui cartulas donationis iste scribere iusserunt et testes firmare rogaverunt; manus illorum firmaverunt Wido et Bernardus testes. Adelardus testis. Vidobaldus testis..... Alemannus monachus scripsit et manu sua firmavit.

Ego Rostagnus cum uxor mea et filiis meis dono a Sancto Dalmacio per remedium animas nostras quartam partem de prato quod Addaldus tenet, accepto prescio uno caballo et terciam partem de pascherio de castro que vocatur Aspermunt, cum appendiciis eius de fedas dominizas de sancto Dalmacio et de homines . . . . . accepto pretio uno mulo. Aimus testis. Bernardus Caixus testis. Mainfredus testis. Milo de Cagna firmat.

(*Bibl. Royale à Turin, mss. vol.* 57).

XII.

Feudum Aldeberti super Crugeria.

In nomine Domini Nostri Jhesu Christi. Ego Leodegarius Aptensis Episcopus dono tibi Aldeberto Garaco et uxori tuae et filio ac filiabus tuis atque illis qui ex vobis exierint dono castrum Sagnonis quod dicitur Crugeria et quidquid pertinet ad ipsum castrum in villam, in homines, in foeminas, in terras ermas et cultas, in vineas et arbores, in pratis et pascuis, in aquis et rupibus, ad fidelitatem Dei et Sanctae Mariae et Sancti Castoris et Episcopi et successorum meorum et Canonicorum et successorum eorum. Et ego Leodegarius Episcopus et Rodulphus prepositus suscipimus te Alberte et successores tuos in fide; ut si aliqua rancura propter haec omnia vel ex his omnibus aliquando vobis acciderit adjuvemus vos per fidem et sine inganno; et hoc propter quod suscipimus te in fide; videlicet ut te in hoc adjuvemus et tuos; per nostrum hoc mandamentum juraverunt Guillelmus Gontranni et Gaufredus Raimondi, et hanc convenientiam ego Episcopus et Canonici tibi et tuis facimus ut istud feudum quod tibi donamus non poterimus dare, vendere, vel impignorare, vel aliquo modo alienare; propter quae tu Aldeberte et successores hic aliquid ex isto feudo perdatis neque nos neque successores nostri, et quod in isto castro Crugeria et suis pertinentiis non mittamus super senioratum praeter Sanctam Mariam et Sanctum Castorem et Episcopum Aptensis ecclesiae, nec auferemus tibi vel tuis nisi pro forfacto quod nec esdire nec emendare possitis aut velitis. Et ego Aldebertus et filii mei propter illud castrum homines Episcopi sumus et successoribus ejus vel nos vel successores nostri homines erimus, et jurabimus istud castellum Episcopo et successoribus ejus sicuti domino. Et iterum ego Aldebertus Garaco et filii mei istam facimus convenientiam, ut neque nos neque successores nostri possimus castrum istud aut aliquid ex ipsius castri pertinentiis donare, vendere, impignorare, aut aliquo modo alienare, nisi Sanctae Mariae et Sancto Castori et Episcopo atque Canonicis Aptensis ecclesiae ad fidelitatem Sanctae Mariae. Quamdiu vero non fuerit episcopus in Aptensi ecclesia, respondebimus de castro majori Canonico Aptensis ecclesiae Sanctae Mariae et Sancti Castoris. Actum anno ab incarnatione Domini millesimo centesimo vigesimo secundo, imperante Karolo. Signum Leodegarii Episcopi, signum Bermundi Sacristae, Signum Guillelmi de Rubianz, Signum Gigonis Canonici, Signum Aldeberti Garaconis, Signum Guillelmi Raimondi, Signum Rostagni de Turre, Signum Datilonis.

(*Cart. Aptense, fol.* 8).

XIII.

Ante tempus legis istius donacio nequaquam valere potest si gestibus non fuerit alligata. Postquam vero leges esse ceperunt, sancti institutores sanxerunt ut donacio legitima non fieret sine titulo conscriptionis cause. Et ita constitutum est per legem et sanctos institutores ut donacio firma fieret et recta si dominus qui hanc donacione donaverit, eo percipiente (sic) conscripta fuerit.

Dilecto atque fidelissimo nostro Lanberto sive uxore sua Austrudis necnon et filiis et filiabus eorum qui de te nunc sunt et creati fuerint, ego dominus Fulco, vicecomitis Massiliensis, necnon et uxor mea vicecomitissa Odila, donamus ad fidelem nostrum Lambertum fratrem nostrum et ad uxore sua et ad proles eorum qui de illo creati sunt et creati fuerunt, pro amore et bona voluntate et obtimo corde et propter servicium quod nobis fecit vel in antea cupit facere, donamus atque confirmamus, in comitatu Aquensi, in castro quod nuncupant Turribus, et in quantum nos habemus in villa et in castro supradicto quod ad nos pertinet cum omnibus appendiciis suis, dabimus eis pro omni firmitate subnixa; et in comitatu Forojuliense, in castro quod nuncupant Ascolancii, in castro et in villa similiter dabimus eis; et in castro quod nuncupant Matalicas; in castro et in villa hoc quod ad nos pertinet et nos donare possimus cum omnibus appendiciis suis, idest in pratis, et in silvis, in vineis, in terris cultis necnon incultis, in campis, in ortis, et in arboribus pomiferis et impomiferis, dabimus vobis sine interpellatione de nullo homine viventi. In Dei nomen habeatis integram licentiam et potestatem, in ejus tenore ut faciatis de illa donatione quicquid facere volueritis, id est habendi, tenendi, possidendi, vendendi, donandi, commutandi, heredibus que tuis derelinquendi, in omnibus habeatis plenissimam potestatem.

Sane si quis ego Fulco vicecomitis aut uxor mea Odila vicecomitissa vel ulla opposita persona sive illus homo de propinquis parentibus meis qui contra donacione ista ire, agere, vel inquietare voluerit, non valeat vindicare quod reppetit, set compouat in vinculo auri obtimo libras X et insuper ista donacio firma et stabilis permaneat cum stipulatione interposita pro omni firmitate subnixa, et incurrat ira Dei super eum et omnium sanctorum; qui ista donacione disrumpere voluerit fiat maledictus et habeat partem..... cum Datan et Abiron qui terra obsorbuit et cum Juda traditore qui Dominum vendidit, et vivat anathematizatus in secula seculorum.

Facta donacione ista in civitate Tolonense, 11" nonas kalendas januarii, regnante Domino nostro Ihesu Christo.

Signum ego Fulco et uxor mea Odila qui hanc donacionem istam fieri jussimus et testibus firmare rogavimus, manus nostre firmat.

Signum Poncius firmat. Esdras, frater suus, firmat. Bertrannus, suus frater, firmat. Umbertus, filius Teuberti, firmat. L[a]ndebertus Adalbertus firmat. Poncius Eldebinndus firmat. Rainaldus de Massilia firmat. Esdras juvenis firmat. Archimbertus Gunterius firmat. Raf[icot]us firmat. Petrus Aicardus firmat. Alannus Cannonicus firmat. Stephanus Radaldus firmat. Aldebertus d'Aiguina firmat. Artaldus de Corsegulas firmat.

Guillelmus vicecomes et uxor sua Stefana firmat. Stephanus firmat. Bertrannus firmat. Petrus Fulco de Petrafoco firmat. Quiquirannus firmat. Bermundus de Mirollo firmat. Lambertus de Sallone firmat. Autrannus et Umbertus de Gardana firmat. Poncius de Bracio firmat. Petrus de Rocafolio firmat. Guilelmus Juvenis firmat.

(Archives de Marseille, série B, n° 276).

XIV.

Donatio de Sagnione a Leodegario.

Ego Leodegarius Dei gratia Aptensis episcopus, ut et ipse cum propheta beate psallam: dilexi domine decorem domus tuae et locum habitationis gloriae tuae. Et ut fructum huius beatitudinis, beati misericordes quoniam misericordiam consequentur, cum sanctis in templo Dei feliciter colligerem, meae sedis ecclesiae, nequitia malorum hominum suis honoribus spoliatae et opibus valde nudatae, studui subvenire et sic meum concilium fuit ut ecclesia et iuste habeat et firmiter possideat quod meo censu et proprio allode sibi acquirerem, possessiones quas iniuste amittebat, redimere et ei reddere. Quapropter castrum Sagnionis, quia meae ecclesiae hereditas et eidem per utile in hominibus et aliis pluribus erat Crugeriam et medium castrum scilicet Tortam mollam specialiter emi; et pro Tortamolla uxori Raiambaldi Niciae Ricsen et filio suo Leodegario et filiae suae Ponciae et Willelmo Talun suo genero, medietatem Turritarum, meam quidem hereditatem et allodium dedi et cccc solidos, et pro Crugeria mille et ccc solidos Melgoriensium Aldeberto et filio suo Wuillelmo dedi, cum laude eiusdem castri omnium militum, qui quia concesserunt magnam partem meae pecuniae habuerunt. Et ego Leodegarius hoc castrum scilicet Sagnionem pro animae meae salvatione et peccatorum meorum remissione in presentia et testimonio meorum canonicorum et omnium mei episcopatus fere clericorum do et concedo Deo et S. Mariae et Sancto Auspicio et S. Castori et omnibus episcopis in eadem sede meis subsequentibus. Et hanc donationem laudaverunt milites istius castri Raimundus Aicardus et frater suus Gaufredus et Bertrannus Raimundus et sui fratres, Raimundus Guido et sui fratres et Datil et sui fratres Faraldus et Bertrannus et Petrus Guido cum suis fratribus et Willelmus Guntran cum suis fratribus et Rustannus de Turre cum suis nepotibus, Willelmus Mala causa cum suo fratre et filii Poncii Buzot et Sancia uxor Raimbaldi de Agolt cum omnibus filiis suis laudavit et concessit. Facta est autem haec donatio anno millesimo centesimo tertio decimo, indictione quarta.

Testes huius donationis sunt, Rainaldus abbas S. Eusebii, Rodulphus praepositus, Bermundus sacrista, etc.

(Cart. Aptense, fol. 6, v° et 7 r°).

XV.

Carta Rajambaldi de Sagnone.

Notum sit omnibus hominibus quod quicumque rem suam in alienum dominium transferre desiderat, eam tradendo jure legitimo in illius potestatem cui traditur perveniat. Quapropter ego Rajambaldus, filius Amanciae, dono et derelinquo Domino Deo et Sanctae Mariae et Sancto Castori et Leodegario Aptensi Episcopo et ejus successoribus Episcopis et Rodulpho praeposito et Bermundo Sacristae et Canonicis Aldeberto, Gilberto et Petro Stefani et Rostagno et Vuillelmo et subsequacibus eorum, pro redemptione animae meae et parentum meorum et fratris mei Bertranni, castrum quod est in medio Sagnionis quod vocatur Tortamollis, quocumque modo ego vel parentes mei habuimus, juste vel injuste, cum cultis et hermis, et cum omnibus ad praedictum castrum pertinentibus; et ego Leodegarius Aptensis Episcopus tibi supradicto Rajambaldo, salva fide Sanctae Mariae et Sancti Castoris et mea et Episcoporum successorum, praedictum castrum integre tibi laudo et filio tuo vel filiae cui volueris. Testes autem hujus donationis sunt Bertrannus Raimondi, et frater ejus Raimondus, et Raimondus Duranti, et Poncius Aicardi, et Vuillelmus Amati, et Guigo de Lantosca, et uxor Boniparis Garsia.

(Cart. Aptense, fol. 6).

XVI.

In nomine domini ego Gaucerandus Laugerii dono Deo et ecclesiae beate Marie de Nicea et Petro episcopo et omnibus successoribus suis et omnibus canonicis suis, quicquid in civitate Nicie et in appendicis suis videlicet in vineis cultis et incultis, in pratis, in aquis aquarumque decursibus, in garriciis, in pascuis et in omnibus que mihi ex hereditate patris mei pervenerunt in Nicea et in omnibus finibus eius medietatem, ut eam perpetuo iure possideant. Alia vero medietatem, quam mihi retinui, habeant in vadimonio usquequo supradictam medicdatem integram et liberam eis ab omni inquietudine reddam. Post obitum quoque meum hec omnia eidem ecclesie supradicte ad integrum dono pro anima mea. Ego Gauceraunus accepi pro hac causa quingentos quinquaginta solidos de rebus ecclesie Nicensis ab episcopo ciusdem civitatis et a canonicis. Actum est hoc in presencia Raimundi Berengarii comitis. Anno ab incarnato domino M.C.XVII et in presentia Antipolitani episcopi et Fulconis de Grassa et Guillelmi de Mosterio et Raimundi de Sancto Paulo et Reiamballi de Andaon et Girleni Bertrandi et Guillelmi Ermenaldi et isti omnes sunt testes.

Et ego Gauscerandus iuravi in manu Nicensis episcopi me hec omnia tenere sicut scriptum est.

(Arch. Capit. de Nice, n° ancien invent. 86).

XVII.

Poncius Aldigerius. Lanbertus Durandus. Guillelmus Cabaza. Allo de Medezo. Astengo. Andreas Nazera. Adam Todolaius. Allo Aimo. Bernardus Raimun. Bonofilio Farfaillola. Lautaudus de la Porta. Raimbaldus.... Gatamusa. Gauterius. [Andreas] Grammaticus. Iohannes Barcella. [Iohannes] Murator. Nadal Pulsafangus. Rotbaldus Labra. D[ominicus] Mellari[nus]. Ebrardus. Iohannes Blanco presbiter..... Maurelli. Petrus Maior. Lanterius. Maurengus Zaufardus. Berta Faisellara. Iohannes Friconis, Rainerius de la Porta. Petrus Gombrannus. Bermundus Dominicus presbiter. Engillerius Flavius. Ungula Vedozsa. Desiderius. Iohannes Caligerius. Rollandus Capus pro uno. Iohannes Adalguda. Adalsenda monaca. Mansionem ubi stat Bona de Arbaudo. Medietatem de pascherio et de porto et de ribagio et de letdas, et decimas de piscibus, et de lesda de civitate, de porcione Laugerii Rostagni de Niza. Medietatem de orto. Medietatem de condamina de la Bufa et de la condamina de Olivo. Mansionem de Gundrada, et duobus menses Octuber et November dedit Laugerius Rostagni ad Conradus comes cum filia sua in castellania de Niza, per partem et per hereditatem.

Manso de Cabaza dat IIII sextarios de garbage et duas espallas, I sextarium de civada et duos panes. Allo I eminam de garbage. Andreas Nazera II sextarios de garbage, I emina de civada, I espalla, I de[narium]. Iohannes Todolaigus II sextarios de garbage, I espalla, I emina de [civada] et I panem. Bernart Raimon II sextarios de garbage et I emina [de] civada, I espalla et I panem. Bonosfilius Farfallola II sextarios de garbage, I emina de civada, I espalla et I pa[nem]. Vatamusa IIII sextarios de garbage, I sextarium ordei, II espallas, II panes. Andreas Grammaticus II sextarios de garbage. Iohannes Barcella II sextarios de garbage, et I emina ordei, I espalla et I panem. Ioannes Murator II sextarios de garbage, I espalla, I emina ordei, I panem. Nadal Pulsafangum I sextarium de garbage, II denarios de ublias. Rotbaldus Labra II sextarios de garbage, I sextarium de ordei, I espalla et I pa[nem]. Durandus Faber II sextarios de garbage, I sextarium de ordei, I espalla et I pa[nem]. Dominicus Mellarinus I sextarium de garbage, I emina de ordei, I espalla et I panem. Ebrart II sextarios de garbage, I emina ordei, I espalla et I panem. Iohannes Blancus I denarium. Petrus Maior I sextarium de garbage, I denarium de ublia. Lanterius II sextarios de garbage, I emina ordei, I espalla et I panem. Maurenc I sextarium de garbage, I eminam ordei, I denarium de ublia et I panem. Berta Faxillera I denarium, die omni sabbati faxum de iunco. Iohannes Frico I sextarium de garbage, I emina ordei, I derium et I panem. Petrus Gonbran II sextarios de garbage, I emina ordei et I espalla et I panem. Ungula Vedosa IIII sextarios de garbage, I sextarium ordei, II espallas et II panes. Iohannes Galier I sextarium de garbage, I emina ordei, I espalla et I pa[nem]. Bermundus Malum nomen I sextarium de garbage, I eminam ordei, I espalla et I panem. Gauterius IIII sextarios de garbage, I sextarium ordei, II espallas et II panes.

Laugerius de Graoleriis habet in Nicia hec supradicta omnia pro ecclesia et episcopo, habet etiam et hec subsequentia. Petrus Bruni dat pro servitio XII denarios et III sextarios de ficiis et cartonem de Billeira. Raimbaldus Caliger VI denarios et medietatem cartonis de vinea crosi. Lambertus Francigena ... denarios. Aubertus Ricaus ... denarios. Poncius Pastel unum denarium et medietatem cartoni de vinea de Caldairolas. Petrus Tudulaic XI denarios et duos sextarios annone et duas saumadas de vino, de annona, atque duas partes tercii et II partes unius sextarii ordei et II partes duorum panum. Willelmus Pellizzana I sextarium de annona. Wilelmus Aimi VIIII denarios et I sextarium de annona et unam eminam ordei et unum panem. Raimundus Barcella I eminam de annona. Petrus Maiembertus I eminam de annona. Raiembaldus Ermentrus II sextarios de annona. Rostagnus Pelatus cartonem de Rocabillera et III nummos. Isnardus Feltrers cartonem de Rocabillera et III denarios. Bonus Iohannes cartonem de Rocabillera et V denarios. Willelmus Gallina cartonem de Rocabillera et III medallas. Ermengaus cartonem et III medallas. Willelmus Raembaldus cartonem de Rocabellera et III denarios. Poncius Esparro cartonem vinee de Pallo de Cabaza et II denarios. Iohanna Amalvina II denarios. Stephanus Pastel medietatem cartonis de Calvairolas. Durandus Pastel medietatem cartonis. Petrus Bambardus medietatem cartonis vinee de la Colla et I denarium. Guntardus Rex cartonem et I medallam. Paulus Raembaldus cartonem vinee de Caldairolas et VI denarios. Poncius Bernardus cartonem vinee de la Colla et IIII denarios.

In nomine Domini ego Gaucerandus Laugerii dono Domino Deo et ecclesie beate Marie de Nicia et Petro episcopo et omnibus successoribus suis quicquid in civitate Nicie et in apendiciis suis ex hereditate patris mei mihi pertinet et sub pignore pono quingentorum quinquaginta solidorum, tali tenore ut nec ego ipse nec aliquis per me de aliquo se intromittat nisi primitus supra dicti numi redditi fuerint. Si ante redemptionem huius pignoris mortuus fuero, in perpetuum ecclesia Nicensis pro anima mea habeat. Actum est hoc in presentia Raimundi Berengarii comitis Barchinonensis et in presentia Antipolitani episcopi Matfredi et Fulconis de Grassa et Guillelmi de Mosterio et Raimundi de sancto Paulo et Raimbaldi de Andaone et Guillelmi Bertrandi et Guillelmi Ermenaldi et isti omnes sunt testes. Et ipse Gaucerandus iuravit in manu Nicensis episcopi quod sicut scriptum est, ipsa ita teneret. Huius rei est fideiussor Fulco de Grassa pro trecentis solidis et Raimbaldus de Andao per C. L.

Signum + Raimundi comes.

(*Arch. Capit. de Nice, n° ancien invent.* 74).

XVIII.

In nomine domini nostri Ihesu Christi summi regis et eterni, presentibus et sequentibus omnibus notum fiat hominibus, quoniam ego Arnaldus Nicensis ecclesie dictus episcopus et canonici nostri eiusdem ecclesie filii, de illa grandi querela que inter nos et Laugerius de Graoleriis versabatur, mediantibus Petro Antipolitano et Lamberto Venciensi episcopis, talem pacem et talem concordiam fecimus. Nos quippe totum illum honorem, quem pater eius Gaucerandus Laugerii Petro episcopo bone memorie predecessori nostro et canonicis suis pro quingentis solidis partim iure vendicionis concessit, partim pignori supposuit, requirentes, in manu nostra totum et ex integro dimisit et nos et ecclesiam nostram se ipsum expoliando investivit. Hac igitur dimissione et restitutione facta ad servitium et fidelitatem nostram et omnium successorum nostrorum hanc ecclesiam usque in finem seculi gubernancium, totum predictum honorem nos ubicunque habeat vel habere debeat, tam in civitate quam in omnibus finibus eius, sibi et legalibus heredibus suis concedendo laudamus ed hac virga laudando eum reinvestimus. Ceterum inter nos pariter certa convencione constringimus ut de predicto honore nichil omnino, nec totum nec partem, alicui hominum valeat vel audeat vendere, impignorare vel quolibet titulo alienare, nisi episcopo vel ecclesie. Quicquid autem ab eo hactenus impignoratum est, nos et ecclesia nostri redimendi et possidendi, donec ipse redimere eodem precio possit, facultatem liberam habeamus. De decima vero piscium quam in hominibus suis requirebamus et de questione Campi Marcii sic ordinabimus, ut per illam iustitiam quam in heredes suos dictabimus, per eandem ab ipso et a suis recuperare possimus. Sacramentum quippe et hominium, pro iam dicto honore, Laugerius et heredes sui nobis et successoribus nostris in hunc modum facit. Vitam et membra nostra et honorem ecclesie iurabit; castellum insuper de Drappo et totum alium honorem, quem ecclesia habet in presenti vel iuste acquirere poterit in sequenti, Laugerius non tollet, nec tollere faciet et si quis tollere presumeret, cum a nobis vel vero nostro nuncio commonitus fuerit, pro posse suo ad recuperandum iuvabit.

Facta sunt hec in portu Canee, presentibus episcopis Petro videlicet Antipolitano et Lamberto Venciensi, magistro quoque Duranto et istis astantibus clericis Guillelmo de Sartovolis, Stephano de Andaone, Viviano de Sancto Paulo, Ugone presbitero de Alagauda, Rembaldo legifero de Nicia; militibus videntibus Ganfredo de Canea, Petro de Canea filio eius, Sicardo de Turretis, Petro de Andaone, Pontio de Cipperis et Guillelmo filio eius. Ipsa die Niciam venientes, in crastinum iam dictus Laugerius, in presencia clericorum et laicorum multorum, hominium et sacramentum nobis fecit Raimundus Ugoleni, Ugo Ademari, Stephanus, Raimundus Boza, canonici presbiteri Nicensis ecclesie, Rostannus diaconus, Guillelmus sancti Martini, clerici presentes fuerunt. Iordanus quoque Richerii, Milo Badati, Fulco filio eius, Guillelmus Badati, Raimundus Serene, Fulco Ugoleni, Franco Raimbaldi, Petrus Raimbaldi, Raimundus Raimbaldi, Guillelmus Raimbaldi, Guillelmus Ricardi et Petrus frater eius, Bernardus Ausan, Guillelmus Anrichi, Petrus Lamberti, Guigo Fatunerii, Ugo Fatunerii, Sicardus et Milo frater eius, Petrus Gersso, Guillelmus Sotta, Arnaldus episcopi baiulus et Iterius eius scutarius.

Facta dimissione ista a memorato Laugerio ante ianua beate Marie in vigilia nativitatis dominice, consulibus Raimundo Serene, Fulco Badati, Francone Raimbaldi, Fulcone Ugoleni, presidente preside Provincie Raimundo Berengarii Barchinonensi comite, mense decembrio, feria III, luna XX. II, anno millesimo centesimo L. II,

. Isti sunt homines quos Laugerius de Graoleriis habet pro ecclesia et episcopo Nicensi: Iordanus et frater eius Guillelmus Richerii et nepotes eorum Bertrandus et Petrus. Guillelmus Cebaldi et frater eius Raimundus et Bertrandus et Ysoardus. Petrus Aldebrandi et nepotes eius. Guillelmus Richardi et fratres eius Petrus, Bertrandus, Raimundus. Guillelmus Pellizana et nepos eius Laugerius et Petrus Rostagni et Iohannes Milonis. Raimundus de Laura, Isnardus Lamberti, Guillelmus Iabram. Guillelmus Ysnardi. Pauletus Gallina. Bonpar Gallina. Ermengau. Richelmus Totolai. Rostagnus Dodo et Mercader et nepotes eorum, Iohannes presbiter et Guillelmus Taparel et Paulus Taparel. Raimundus Pallioli et Raimbaldus Ermentrui. Ioncaz. Padern. Fulco Badati. Guillelmus Pelat et Rostagnus Pelat. Michel Brun. Raimundus Barcelle. Petrus Mamberti. Iohannes Laiet et frater eius. Iohannes de Albasagna. Fulco Travacha et nepotes eius. Bermundus Legarre. Guillelmus Zota. Petrus Faber. Poncius de Caramagna. Guillelmus Gras. Milo frater Sicardi. Gaucerandus de Porta. Iohannes Martini. German et frater eius Iohannes. Petrus da Laura et Anselmus frater eius. Poncius Gisberni. Raimundus Serena. Iohannes Milo et Petrus Rostagni. Durandus Pastel. Guillelmus Trasudat. Martinus Aldebrandi et nepotes eius. Guillelmus Amalvina. Iohannes de Solario. Raimundus de Laura. Bonus Iohannes. Aimerudis filia Willelmi. Guillelmus Silvii et Garrienses femine.

(Arch. Capit. de Nice, n° ancien invent. 132).

XIX.

Carta permutationis Turritarum et Sagnionis.

Ego Leodegarius, episcopus Aptensis cambio castellum Mejanum totum Sagnionis et illam tertiam partem quae pertinet illi castro, cum omnibus sibi pertinentibus. Et dono medietatem cuiusdam castri quod est situm in Nicensi episcopatu quod vocatur Turritas, quod contigit mihi ex parte matris meae, et ducentos solidos Melgoriensis monetae, et hoc dono uxori Raibaldi et filio suo Leodegario et filiae, uxori Wilelmi Talonis, cui mater et frater suus supradictum castrum Sagnonis in dote dederunt. Et ego Leodegarius Aptensis episcopus dono istum supradictum castrum Raimundo Aicardi et Gofredo fratri suo et filiis et filiabus, quos habent vel adhuc legaliter habebunt et ceterae progeniei quae ex eis legaliter nascitura est, cum omnibus sibi pertinentibus cultis et incultis et masculis et foeminis, pro cambitione feudi quod habebant in Turritis et hoc facio donum salva fide Sanctae Mariae et S. Castoris et mea et canonicorum et episcoporum subsequentium et ipsi debent eum mihi iurare et aliis episcopis sicut dominis. Et ego nec alii episcopi non eis auferemus illud castrum, nisi pro forifacto illius castri quod nollent vel non possent emendare, et hoc fit sub sacramento duorum militum legalium.

(Cart. Aptense, fol. 6, r° et v°).

XX.

Venditio Aldeberti de Crugeria.

Ego Heldebertus Garac et filii mei Villelmus filius Derbucis et uxor mea Sansa et filii ejus Bertrannus, Raimondus et Bonefacius damus, tradimus atque concedimus et in perpetuo concessum dimittimus Deo et Sancta Mariae, Sanctoque Castori et Leodegario Episcopo et subsequacibus ejus Episcopis atque Canonicis praesentibus atque futuris ibidem deo servientibus castrum Crogeriae cum hominibus et terra culta et inculta et cum arboribus fructiferis et infructiferis, pratis et aquis et cum omnibus ipsi castro pertinentibus; et pro hoc castro atque supra dictis sibi pertinentibus dedit nobis Leodegarius Episcopus de suo proprio mille et centum solidos Mergoliensis monetae et ducentas valentes solidatas. Testes hujus venditionis sunt Leodegarius de Petra Castellana, Gaufredus de Brientione, Gaufredus Aicardi, Bertrannus de Sannione, Villelmus Bonpar, Rodulphus Sacrista. Si quis autem hujus venditionis contrarius esse voluerit Dei iram incurrat et maledictionem quam incurrit Judas et Datan atque Abiron.

(*Cart. Aptense, fol.* 7).

XXI.

Permutatio Gordae et Turritarum.

Imperialibus edictis et legibus Romanis constitutum est quod aliquis per mutationem vel venditionem vel quamlibet rem certam faciens per paginam testibus firmatam hoc faciat. Quapropter Ego Leodegarius dei gratia Aptensis Episcopus volens cum cognata mea Sancia et cum nepotibus meis scilicet Guiranno et Bertranno et coeteris fratribus, consilio nostrorum fidelium, permutationem facere, morem priscorum patrum sequens, hac conscriptione confirmo; quae autem sit permutatio praesens descriptio declarat. Est namque situm quoddam nobile castrum in Episcopatu Cabellionensi quod vocatur Gorda, cujus quartam partem cum omnibus sibi pertinentibus pro medietate Turritarum tibi et filiis tuis, remota omni fraude, trado; cujus medietatis usque modo possessores fuerunt Raimundus Aicardi et frater eius Gaufredus.

(*Cart. Aptense, fol.* 9).

XXII.

Carta de terra in Turrita.

In legibus Romanis praeceptum est ut si quis rem suam in alterius vult potestatem mutare, per testamentum scripturae fiat commutatio, ut fiat firma. Ideo ego Beatrix et filii mei Petrus et Rostagnus, Eldebertus et Bermundus et filia mea Accelena faciamus hanc conscriptionem notitiae habendae, consentiamus aliquid ex meo alode quibusdam vicino meo nostro Presbytero Aldranno et accepi ab illo pretium in venditione solidatas sex et eo amplius et nihil ex pretio remansit. Est autem terra ista in Comitatu Aptensi in territorio Abbatiae Sancti Petri, quae dicitur Turrita, in loco qui vocatur Lausa et est inter consortes ab uno latere de superiori via veteri, ab oriente terra de Sancta Maria, de manso Spera in Deo, de inferiore parte via publica, de alia parte via quae descendit de Castro Claromonte, et si qui sunt consortes; quem alodem, si quis interpellaverit, ego contradico illi, sed habeas potestatem quicquid facere volueris, habendi, vendendi, tenendi, dandi vel commutandi, tuisque heredibus derelinquendi. Sane si quis ego aut ullus homo qui hoc frangere voluerit, non valeat vindicare quod repetit, sed componat in duplam rem illis qui sunt emptores. Actum est hoc in Apta civitate tertio idus martii. Rege Christo Domino. Signum Beatrix et filii ejus qui hoc scribi fecerunt et testibus firmaverunt.

(*Cart. Aptense, fol.* 21).

XXIII.

Sacramentum Clarismontis.

Aus tu Lauger filius de Gisla, eu Guiranz et eu Bertranz, filii de Sancia, non vos decebrai de vostra vida, ni de vostra membra, que a vostre cors juncta est, eu ni homo ni femini per lo me consel, ni per lo me consentiment lo castel de Clarmont no vos tolrem, ni homo ni femina per lo nostre consel, ni per lo nostro consentiment et qui lo vos tollia ad ajutorii vos enseriam et aquez tres menses novembris, decembris, januarii, nos lo vos rendrem si nos l'avem ; ni homo, ni femina per nos de la maiso los tres menses maji, junii, julii, aisi o tenrem a ti Lauger et Episcopis sine enganno, sic Deus nos adjuvet et Sancti sui.

(*Cart. Aptense, fol.* 10).

XXIV.

Prieurs Bénédictins du monastère de Val de Bloure et prieurs commandeurs.

1. 1050. *Alemannus monachus ;* il n'est pas qualifié de prieur, mais c'est très-possible qu'il le fût, puisqu'il écrit et il signe *manu sua firmavit*, à la donation de Rostaing à l'Eglise de Val de Bloure.

2. 1256. *Dominus Jacobus prior.* Acte de transaction entre les seigneurs, le prieur, et Gauffridus Caysus : c'était probablement le *Jacobus de Brayda* (d'une des plus puissantes familles d'Albe) en 1258 prieur du monastère de Saint Dalmas de Pédone (Ms. Rolfi, Bibl. Royale à Turin).

3. 1271-1291. *Dominus Gauffridus Chayssius prior.* Il prête hommage à Charles d'Anjou pour Saint Dalmas, Roche, Bollene et Saint Martin Lantosque. En 1291 il intervient avec les seigneurs de Saint Dalmas pour les droits de four qui appartenaient aux hommes de Saint Dalmas. Il est fils de Gauffridus Caysus.

4. 1302. *Dominus Olivarius de Sancto Benedicto prior.* Ordonnance faite à Saint Dalmas par le juge du comté di Viutimille, Pons Cayssius, pour que les seigneurs de Saint Dalmas, Rimplas et Saint Sauveur s'abstiennent de conférer aux clercs des charges publiques. Sont témoins Raymond et Jacques Chayssii.

5. 1320. *Frater Fridericus Faramie prior.* Protestation pour les droits seigneuriaux du prieuré et des autres seigneurs de Saint Dalmas, faite en son nom devant

Pierre de Marculfo juge du comté de Vintimille, par Hugues Faramie. Ce dernier est probablement Dominus Hugo Faramie, témoin en 1305 à la capitulation de Demonte au sénéchau de Provence.

6. 1340. *Dominus Robertus Olivari prior*. Il intervient à Saint Dalmas-le-Sauvage dans un acte avec le noble Jean Olivari juge de Puget-Theniers.

7. 1346. *Dominus Guillelmus Andrée monachus de Burgo, prior Sancti Dalmacii de plano*. Il signe à Saint-Martin l'acte d'arbitrage entre Astruga de Beuil et la commune d'lllonsa.

8. 1360. *Raymundus Chayssii monachus et prior Sancti Dalmacii*. Il échange avec Pierre Balb une vigne sise à Rimplas, dépendance du prieuré.

9. 1392. *Dominus Egidius Henrici prior*. Il concède en emphytiose au noble Laurent Cayssii la condamine attenante au monastère: *actum in sancto Dalmacio de Plano in domum supradicti Laurencii*, à la présence de deux autres moines de l'abbaye de Saint-Dalmas du Bourg. En 1363 nous trouvons le noble Henricus Henrici de Graoleriis qui signe à l'acte de vente faite au baron de Vence par le sénéchal de Provence des droits sur cette ville.

10. 1411-1414. *Dominus Raymundus Alegre prior*. Il reçoit sa part des droits féodaux devant le noble Antoine de Draconibus juge du comté de Vintimille. En 1428 la maison abbatiale est intitulée *domus claustralem*. En 1452 un François Alègre seigneur d'Oisery épouse Madeleine de Miolans.

11. 1456. *Nobilis vir Petrus de Falcono monachus prior*. Il est prieur du prieuré de Saint-Dalmas et recteur de l'Eglise de Saint-Jacques de la Roche et Bolina, il donne sa procuration au noble Pierre de Falcono docteur en droit de Puget-Theniers et à *discretum iuvenem Antonium Monthanerii* clerc dudit lieu de Saint-Dalmas, pour qu'ils puissent exiger tous les tributs, censes, services et autres droits qui appartiennent au dit prieuré partout où ils se trouveront, et il étend cette procuration à Me Guillaume Floandi notaire de Roquebillère et à Milan Constantin et Pierre Bonfils, ces deux derniers notaires de Nice, ainsi qu'au vénérable Jean Bellomays recteur de Saint-Antoine de Nice. Cet acte se passe *in dicto loco Sancti Dalmacii infra monasterium videlicet infra chamera magna*. Ce prieur est probablement *Dominus Petrus de Falcono de Sauserio* prieur bénédictin de Notre-Dame de Molanesio (Miolans), qui en 1425 est nommé prieur du prieuré de Saint-Laurent de Bergesio, par la renonciation faite par Dominus Jacques Morerii et en prend possession à la présence de *Dominus Urbanus Guiramandi* prieur de Notre-Dame de Faucon. Il était parent de Pierre de Faucon capitaine ducal en 1466 et de Philippe de Faucon de Jausier coseigneur de Salicis (Sauze).

1485. À cette époque l'évêché de Mondovi fut définitivement investi de l'abbaye de Saint-Dalmas du Bourg qui lui avait été remise, en 1438, 28 nov., par Bulle du pape Eugène. Son évêque Champion est qualifié de *Administrator perpetuus Abbatiae Sancti Dalmacii de Pedona ordinis sancti Benedicti*. Le prieuré de Val de Bloure prend le titre de commanderie, et ses prieurs, qualifiés de commandeurs, sont nommés directement par le Saint-Siége.

12. 1502. *Dominus Claudius de Grimaldis de Beuil prior commendatarius prioratus sancti Dalmacii*, protonotaire apostolique, comte palatin, vicaire général de

l'évêché de Nice et prieur de Saint-Veran d'Utelle: il reçoit les reconnaissances des services dûs au prieur *in aula magna domus claustralis*. D'après Gioffredo il serait fils de Ludovic Grimaldi de Levens.

13. 1512. *Dominus Jacobus Grimaldis prior commendatarius Sancti Dalmacii et annexarum*, par la renonciation faite en sa faveur par Claude son oncle.

14. 1522. *Claude Grimaldi prieur Commendeur* par Bulle du PP. Adrien VI de collation en sa faveur des prieurés de Saint-Dalmas et Saint-Veran d'Utelle.

15. 1529. *Jean Baptiste Grimaldi de Beuil*, prieur commandeur. Il était frère de René Grimaldi pardonné par le duc de Savoie après la paix de Cambray ; les bénéfices de Saint-Dalmas et de Saint-Veran d'Utelle lui ayant aussi été sequestrés, il adressa une petition au duc de Savoie qui les lui restitua le 5 février 1529.

16. 1536. *Honoré Grimaldi clericus*. Neveu de Jean-Baptiste Grimaldi. Son oncle renonce en sa faveur et le pape Paul III par la bulle du 30 juin 1536 lui confère les bénéfices du prieuré de Saint-Dalmas du Plan avec l'église de Saint-Jacques et celle de Saint-Veran d'Utelle avec la rente de 230 écus d'or, quoiqu'il n'ait que 15 ans ; il entrera en possession et jouira de tous ces droits à sa 18ᵉ année.

17. 1546. *Ludovic Grimaldi*. Fils de René Grimaldi et de Thomassine Lascaris de la Briga. Il est encore qualifié de *clericus* dans une dispense du 7 septembre 1545 que lui accorde le vicaire général de Nice, François Galleani pour le faire ordonner prêtre où bon lui semblera. L'année suivante le 31 mars il obtient le bénéfice par bulle du pape Paul III. Il fut dans la suite comblé d'honneurs par la Savoie et la France. Nous le trouvons évêque de Vence, protonotaire apostolique, chevalier Aureato, grand chancelier de l'ordre de l'Annonciade, aumônier du duc de Savoie, ambassadeur du roi de France au concile de Trente et abbé de Saint-Pons.

Le 13 mars 1559 il obtenait par le pape Pie IV confirmation du bénéfice de Saint-Dalmas, *parrochialem ecclesiam, prioratum nuncupatum, per monachos ordinis Sancti Benedicti Niciensis Diocesis obtineri solitam, sancti Dalmacii de Plano*, ainsi que de l'église de Bolina et des fruits et rentes qui en dépendaient et qui montaient à la somme de 24 ducats *auri de camera*.

18. 1565. *Jean André de Salicis*. Le pape Pie V le 30 avril 1565 lui confère en commanderie le prieuré de Saint-Dalmas et l'église de Saint-Jacques de Bolina, par cession qui lui en avait faite le titulaire monseigneur Grimaldi évêque de Vence. Ce Jean André de Salicis (de Sauze) était de la famille des seigneurs de Faucon et probablement fils de Joseph seigneur de Faucon et de Sauze vivant en 1530. Nous avons déjà trouvé un prieur de cette famille en 1458.

19. 1691. *Don André Ribotti prieur et commandeur de Val de Bloure*.

20. 1728. *Don Ludovic Ingigliardi prieur et commandeur de Val de Bloure*.

(Documents Authentiques).

TABLE DES MATIÈRES

I. — Les premiers Comtes de Provence . . . . *Pag.* 3
II. — Les Sarrasins . . . . » 7
III. — La famille de Fos . . . . » 10
IV. — Les comtes Aldebert et Apollon, leur frère Rostaing et leurs sœurs Isingarde et Valburge . . . . » 15
V. — Les seigneurs de Castellane . . . . » 22
VI. — Le comte Aldebert et ses descendants, seigneurs à Thorame, Castellane et Saignon » 25
VII. — Rostaing et ses descendants, seigneurs à Thorame, Castellane, Val de Bloure, etc. » 26
VIII. — Les Thorame - Glandèves . . . . » 31
IX. — Les vicomtes de Nice . . . . » 34
X. — Miron et Odila . . . . » 36
XI. — Laugier et Odila . . . . » 37
XII. — Pons évêque . . . . » 38
XIII. — Miron vicomte . . . . » 39
XIV. — Les fils de Laugier et les autres seigneurs de Vence . . . . » 40
XV. — Raimbald de Nice . . . . » 45
XVI. — Les comtes d'Orange. — Opinion des historiens . . . . » 48
XVII. — Les comtes d'Orange descendants directement des vicomtes de Nice . . . » 51
XVIII. — Famille de Baux . . . . » 55
XIX. — Laugier le Roux fils de Raimbald de Nice . . . . » 60
XX. — Pierre, évêque de Sisteron, et son neveu Pierre, évêque de Vaison, fils de Raimbald de Nice . . . . » 62
XXI. — Rostaing vicomte . . . . » 64
XXII. — Les descendants du vicomte Rostaing et de son fils Laugier Rostaing cèdent à l'évêque de Nice leurs droits sur la ville . . . . » 65
XXIII. — Raimbald de Nice fils de Laugier le Roux et les seigneurs d'Apt . . . » 70
XXIV. — Les seigneurs de Reillane à Nice . . . . » 75
XXV. — Les seigneurs de Dromon et les vicomtes de Gap . . . . » 76
XXVI. — L'autorité vicomtale à Nice au commencement du XII siècle . . . . . » 85
XXVII. — Le droit communal succède au droit féodal des vicomtes . . . . . . » 88

DOCUMENTS INÉDITS . . . . » 91

FAMILLE DE THORAME-CASTELLANE-GLANDÈVES.

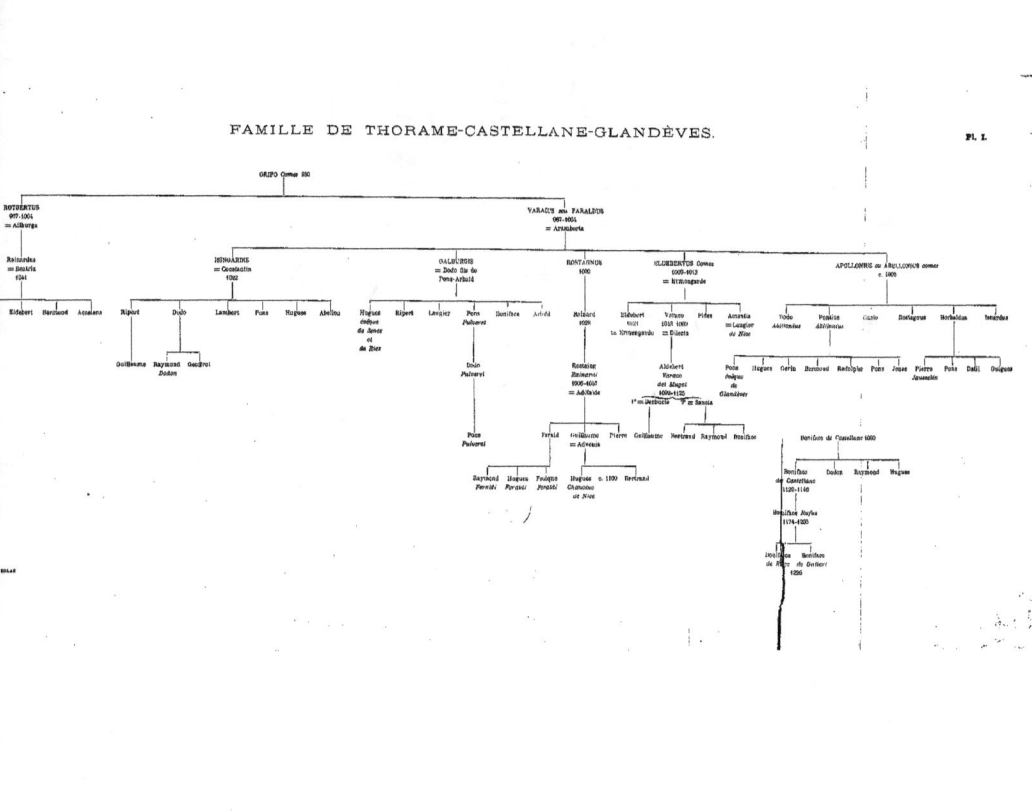

VICOMTES DE NICE.

Pl. II.

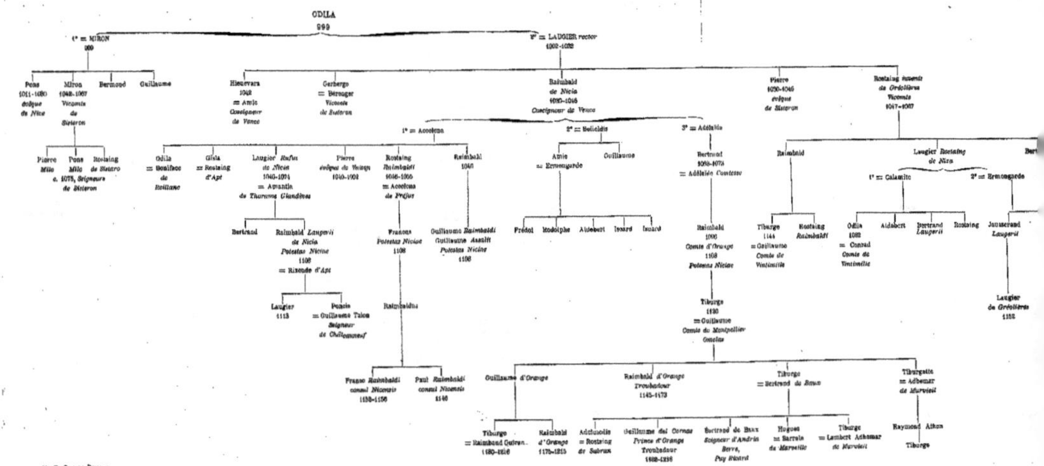

ODILA
999

1° = MIRON 999 — 2° = LAUGIER rector 1002-1032

Children of 1° = MIRON:
- Pons 1011-1030 évêque de Nice
- Miron 1048-1057 Vicomte de Bisterm
- Bermond
- Guillaume
  - Pierre Miro
  - Pons Milo de Bistero c. 1073, Seigneurs de Bisterm
  - Rostaing

Children of Laugier rector:

Eleonora 1048 = Amic Chevignever de Vence
- Odila = Boniface de Reillane
- Gisla = Rostaing d'Apt
- Laugier Rufus de Nicia 1040-1091 = Accelena de Thorome Glanditea
  - Bertrand
  - Rainbald Laugerii Potestas Nicea 1108 = Riconda d'Apt
    - Laugier 1113
    - Ponsia = Guillaume Tolon Seigneur de Chateauneuf
- Pierre évêque de Vence 1040-1092 = Accelena de Préfat
- Rostaing Raimbaldi 1046-1066
  - Fulcons Potestas Nicea 1108
    - Frasse Raimbaldi consul Niciensis 1130-1156
    - Paul Raimbaldi consul Niciensis 1146
  - Guillaume Raimbaldi Guillaume Anselli Potestas Niciae 1176
    - Raimbaldus

Gerberga = Bernger Vicomte de Bistron

Raimbald de Nicia 1093-1046 Chevignever de Vence
- 1° = Accolena
  - Raimbaldi 1041
- 2° = Bellielis
  - Atvis = Ermengarde
  - Guillaume
    - Pradel Rodolphe Aldebert Isnard Isnard
- 3° = Adelasia
  - Bertrand 1050-1070 = Adélaide Comtesse
    - Raimbald 1095 Comte d'Orange 1108 Potesias Nicea
      - Tiburge 1130 = Guillaume Comte de Montpellier Omelas
        - Guillaume d'Orange
          - Tiburge = Raimbaud Guiran. 1180-1216
          - Raimbald d'Orange 1170-1215
          - Adelaide = Rostaing de Sabran
          - Guillaume del Corsas Prince d'Orange Troubadour 1182-1218
        - Raimbald d'Orange Troubadour 1145-1173
          - Bertrand de Baux Seigneur d'Andrin Berre, Puy Ricard
          - Hugues = Barralo de Marseille
        - Tiburge = Bertrand de Baux
          - Tiburge = Lambert Athenar de Marseille
            - Tiburge
        - Tiburgeta = Adhemar de Marseille
          - Raymund Athon

Pierre 1030-1045 évêque de Bisterm

Rostaing Reberti de Orchilliers Vicomte 1047-1087
- Raimbald
- Laugier Rostaing de Mira
  - 1° = Calamita
  - 2° = Ermengarde
- Bertrand
  - Tiburge 1144 = Rostaing Raimbaldi
  - Odila 1092 = Conrad Comte de Ventimille
  - Aldeberti
  - Bertrand Laugerii
  - Rostaing
  - Jaussarand Laugerii
    - Laugier de Orchilliers 1155

** R. Cais de Pierlas

www.ingramcontent.com/pod-product-compliance
Lightning Source LLC
Chambersburg PA
CBHW070237100426
42743CB00011B/2081